Pequeno Tratado
do
Bem Viver

Dados Internacionais de Catalogação na Publicação (CIP)
(Câmara Brasileira do Livro, SP, Brasil)

Grün, Anselm
  Pequeno tratado do bem viver / Anselm Grün ;
tradução de Mário Augusto Queiroz Carvalho. 4. ed. –
Petrópolis, RJ : Vozes, 2014.

  Título original Das Kleine Buch vom guten Leben
  Bibliografia
  ISBN 978-85-326-4375-9

  1. Arte de viver – Aspectos religiosos
2. Conduta de vida 3. Cristianismo I. Título.

12-04643   CDD-248

Índices para catálogo sistemático:
1. Arte de viver : Cristianismo   248

ANSELM GRÜN

Pequeno Tratado do Bem Viver

Tradução de
Mário Augusto Queiroz Carvalho

Petrópolis

© 2011, Verlag Herder GmbH, Freiburg im Breisgau
7ª edição

Anselm Grün
Título do original alemão: *Das Kleine Buch vom guten Leben*
Editado por Anton Lichtenauer

Direitos de publicação em língua portuguesa – Brasil:
2012, Editora Vozes Ltda.
Rua Frei Luís, 100
25689-900 Petrópolis, RJ
Internet: http://www.vozes.com.br
Brasil

Todos os direitos reservados. Nenhuma parte desta obra poderá ser reproduzida ou transmitida por qualquer forma e/ou quaisquer meios (eletrônico ou mecânico, incluindo fotocópia e gravação) ou arquivada em qualquer sistema ou banco de dados sem permissão escrita da editora.

Diretor editorial
Frei Antônio Moser

Editores
Aline dos Santos Carneiro
José Maria da Silva
Lídio Peretti
Marilac Loraine Oleniki

Secretário executivo
João Batista Kreuch

Editoração: Fernando Sergio Olivetti da Rocha
Diagramação: Célia Regina de Almeida
Capa: Felipe Souza | Aspectos

ISBN 978-85-326-4375-9 (edição brasileira)
ISBN 978-3-451-07044-0 (edição alemã)

Editado conforme o novo acordo ortográfico.

Este livro foi composto e impresso pela Editora Vozes Ltda.
Rua Frei Luís, 100 – Petrópolis, RJ – Brasil – CEP 25689-900
Caixa Postal 90023 – Tel.: (24) 2233-9000
Fax: (24) 2231-4676

Sumário

Introdução 13

ATENÇÃO 19
   O bem viver começa assim 19
   Histórias para despertar 22

SOLIDÃO 24
   É possível desfrutar da solidão 24
   Separar-se de todas as coisas para unir-se a todas elas 27
   Perto do fundamento do ser 30
   Um caminho para o Tu 33
   Em boa companhia 35

VELHICE 37
   Deve-se começar cedo 37
   Mania de juventude 39
   Conciliado 41
   Fontes de lembranças 44

DECÊNCIA 46
   A decência compensa 46

TRABALHO 49
   Comprometimento 49
   Trabalhe e não fique triste 52
   Uma velha doença 54

ASCESE 56
   Desfrutar e recusar 56
   A criança e os amendoins 59

SINCERIDADE 61
   A roupa do coração 61

MISERICÓRDIA 63
   Ter um coração para os fracos 63
   Devemos viver de acordo com nossas capacidades 67

MODÉSTIA I 69
   É preciso contentar-se com as próprias capacidades 69
   A sebe da sabedoria 71

GRATIDÃO 73
   Grato por tudo 73
   Diante de um desafio 75
   Mudança total 76
   Sempre em fluxo 77
   Perceber sua dependência em relação aos outros 79

MODÉSTIA II 81
   Uma parte da perfeição 81
   Encontro com a sombra 85

DISCRIÇÃO 87
   A mãe de todas as virtudes 87
   O segredo do lóbulo da orelha 89

VENERAÇÃO 91
   Comovido 91
   O mundo está se tornando um mercado 94

EDUCAÇÃO 96
  O mistério da criança 96
  A arte de não prender 100

AMABILIDADE 102
  A amabilidade desperta a vida 102
  O sorriso é o começo do amor 104

AMIZADE 105
  Experiência mais profunda 105
  Experiências compartilhadas 107

TRANQUILIDADE 109
  Uma arma do amor 109

HOSPITALIDADE 113
  Presentes preciosos 113
  Abrigo para os anjos 115

DESFRUTAR 117
  Uma arte que deve ser aprendida 117

JUSTIÇA 119
  Os justos são maiores que os anjos 119

SAÚDE 122
  O melhor remédio é um bom coração 122
  As dietas obsessivas e a obsessão por felicidade 124
  A doença pode ser uma oportunidade 126

O ANSEIO PELA FELICIDADE 128
  A causa da infelicidade 128

GENEROSIDADE 130
  Um coração estreito e um coração largo 130

TERRA NATAL 133
  A morada do mistério 133
  Feliz aquele que tem uma terra natal 135

ZELO 137
  A palavra mais bela 137
  Ajude as pessoas! 140

ESPERANÇA 142
  Tudo se torna melhor 142
  Chamado da alma 144
  Tudo será melhor 145

CORTESIA 147
  A proteção de que precisamos 147
  O sorriso pode espantar o ódio 150

LUTA 152
  O esforço pela vida 152

LENTIDÃO 155
  Aprenda com a lesma 155
  Quanto maior a pressa, mais devagar encontramos uma solução para os problemas 157
  O presente puro 159

LEITURA 161
  Um mergulho em outros mundos 161
  Os livros são amigos 164
  Um livro que faz milagres 166

AMOR 168
  Tocado e enfeitiçado pelo amor 168
  O caminho para a felicidade 170
  Tempo para o amor 172

Um coração alegre 174
O amém do universo 176

ELOGIO 178
As palavras criam realidade 178
Não dê ouvidos nem aos elogios, nem às críticas 181

DESPRENDIMENTO 183
As despedidas são sempre tristes 183

MEDIDA 185
A mãe de todas as virtudes 185
Eis o brilho do homem 188
O amor não tem medida 190

COMPAIXÃO 191
O pressuposto da felicidade 191
Compaixão e sabedoria 193
Como devemos amar 195

ÓCIO 197
O descanso de Deus no sétimo dia 197

CORAGEM 200
"Deixe-se sacudir, mas resista!" 200
Coragem diante do amigo 203

VIZINHANÇA 204
Proximidade e distância 204
Respeito pelos limites 206

SUSTENTABILIDADE 208
Cuidado com os recursos 208
Recursos da alma 210

TOLERÂNCIA 212
   É melhor ficar em silêncio 212
   Modéstia não tem língua 214

ORDEM 216
   A cura da alma 216
   Organização 218

CONSCIÊNCIA DOS PRÓPRIOS DEVERES 220
   O que serve à vida 220
   A sabedoria de tropeçar 222

CONSELHO 224
   Muitos olhos veem melhor 224
   Um bom conselho é um apoio 226
   Ouça aqueles que te amam 228

RIQUEZA 230
   A propriedade 230
   Nunca é suficiente 232
   O que nos torna ricos? 234
   O brilho do mundo 236

RESPEITO 238
   O respeito que se deve a todos 238

PAZ 240
   Como a alma encontra a paz 240
   A força origina-se da paz 242

MANSIDÃO 244
   Bem-aventurados os mansos 244

SILÊNCIO 247
   O silêncio é ouro 247
   Entender, agir, ganhar 249
   Silêncio e tagarelice 252

AUTODOMÍNIO 254
  Abrigo para a alma 254

MORRER/MORTE 257
  Além do limiar 257
  Vestígios de minha vida 260
  Despedir-se: uma arte que a gente deve aprender 262

CONSOLAÇÃO 264
  Lágrimas santas 264

RESPONSABILIDADE 267
  O mistério de nossa cultura 267
  Memória e orgulho 269

PERDÃO 271
  Ferida profunda 271
  O perdão liberta 273

SINCERIDADE 275
  Sem hipocrisia 275

AÇÃO 278
  Nossa vida determina o mundo 278

TEMPO 280
  O bem mais precioso 280
  A plenitude do tempo 282
  O que realmente conta 284

CORAGEM CIVIL 286
  A coragem que nenhum animal tem 286

CONTENTAMENTO 291
  Vaidade 291
  Uma bênção para os outros 293
  O verdadeiro contentamento 295

Introdução

Vivemos em um tempo de arbitrariedade: *anything goes*; tudo é permitido. É bom o que me faz bem. Mas o que *realmente* me faz bem? E o que é bom para mim e para os outros? O que vale a pena seguir como norma em minha vida? O que é preciso fazer? Os grandes pensadores sempre refletiram sobre o bem viver. Para eles, era claro o seguinte: quem vive somente de acordo com o princípio da própria vantagem, ou busca a sua autorrealização sem respeitar os outros, nunca encontra a verdadeira felicidade. O sucesso da nossa vida depende de que sigamos os valores certos. Eles orientam o nosso caminho e tornam a vida preciosa e boa. A palavra valor deriva do verbo latino *valere*, que significa "ser saudável, ser forte". Valores são as fontes em que podemos beber para que nossa vida floresça e tenha sucesso. Valores dão à nossa vida a capacidade de resistência de um gingko. Na Ásia, é uma árvore sagrada e símbolo de vitalidade e esperança. Diz-se que ela resiste nas cidades tanto a tempestades de fogo quanto ao nevoeiro produzido por poluição e ao sal para degelo. Quem está enraizado na sabedoria dos valores resiste às influências negativas às quais está exposto diariamente. Mesmo a radiação negativa de um ambiente emocionalmente poluído não poderá fazer-lhe mal.

Este pequeno livro não tem intenção sistemática. Eu gostaria só de apresentar brevemente os diversos valores. Ao fazer isso, recorro continuamente às ideias e opiniões de antigos "mestres da vida". Pois, em todas as épocas e além de todos os limites culturais, as pessoas refletiram sobre como elas deveriam viver. Em minha própria busca, eu procuro aprender com uma longa tradição, a tradição do monaquismo cristão. Mas o que sempre me fascina é ver como todas as religiões, para além de todas as diferenças dogmáticas, estão de acordo nas questões essenciais quando se trata da vida correta. Autores espirituais em culturas e processos históricos totalmente diferentes formulam as nossas próprias experiências em outra linguagem. Eles a formulam em uma linguagem que deve ser traduzida em nosso cotidiano. Isso nos mostra, na época da globalização, o quanto é grande o tesouro que a humanidade já tem. Ele é algo de duradouro em meio às desenfreadas mudanças de nosso mundo. E é bom recorrer a esse tesouro. Quando mencionar essas ideias, o que importa é a sabedoria comum que nos liga. Ela é um tesouro que nos foi transmitido para que o revelemos novamente à nossa época e o esclareçamos.

Ao considerar a "vida correta" desde diferentes pontos de vista, algo de totalmente concreto deve tornar-se também evidente: uma vida de inspiração cristã e uma atitude de acordo com o modelo de Jesus podem ser atuantes e brilhar tanto no cotidiano quanto nas situações extraordinárias. É que a nossa atenção se concentrará sobre uma espiritualidade prática para o dia a dia. Tal espiritualidade para o dia a dia não fornece instruções exatas sobre como agir, nem quer delinear uma ética. Mas ela pode dar indicações sobre como podemos conduzir uma vida que não seja boa somente para nós, mas também para o nosso próximo e para toda a criação.

Para o filósofo grego Platão, o Bem é uma característica essencial do ser: todo ser é verdadeiro e bom e belo. Para Aristóteles, o grande filósofo sistemático da Grécia, o Bem é "o fim ao qual tudo visa". A tradição da filosofia alemã relacionou o Bem com a boa vontade. As duas perspectivas se completam: é que o Bem não deve ser somente conhecido e percebido; ele também deve ser feito. Nas famosas palavras de Erich Kästner: "Não há nada que seja bom a não ser que a gente o faça".

Ambos os lados do Bem se expressam na delicada folha do gingko, que é cindida no meio. Goethe exaltou em um famoso poema sobre o gingko a força de integração, esse "um e duplo". Quem quiser viver bem deve considerar sempre ambos os polos que ele encontra em seu interior: corpo e alma, luz e escuridão, força e fraqueza. Quem, como o gingko, unifica os dois é verdadeiramente sábio e tem sucesso na vida.

Na língua alemã desenvolveu-se uma compreensão independente do Bem. "Bem" (*Gut*) está ligado à "grade" (*Gatter*). Originalmente, é bom o que se ajusta à estrutura de uma construção ou a uma comunidade humana. É o que se ajusta ao tecido de nossa vida. Mas ele é também o que coordena a nossa vida, de modo que ela possa ter sucesso. Neste livro serão descritos valores que coordenam a vida de tal maneira que ela corresponda ao Bem que foi posto em nossa essência humana através da criação. O Gênesis conta, a respeito do fim da criação, que "Deus contemplou tudo o que fizera: e viu que era muito bom" (Gn 1,31). Para que o bem viver, que nos foi presenteado, tenha sucesso, as pessoas precisam dos valores que Deus colocou em nossa natureza. Eles tornam valiosa a nossa vida. Eles a tornam boa.

ATENÇÃO

O bem viver começa assim

O bem viver começa com a atenção. Quem não dá atenção a si mesmo, perde-se. Quem não vive cada momento com atenção vive à margem de si mesmo e da realidade. É preciso ter atenção para viver a sua vida conscientemente. Somente quando eu me torno atento descubro a riqueza da vida.

Cada novo dia pode ensinar que, quando me levanto com atenção, noto que o levantar-se tem algo a ver com a salvação. Eu me levanto da cova de minha angústia, da cova de minha escuridão interior. Eu me levanto e mantenho-me de pé durante todo o dia. A atenção vence a angústia e o desânimo. Nas coisas pequenas e simples brilha o que é real e verdadeiro.

A atenção deve começar de manhã: estar atento ao tomar banho não significa apenas limpar todas as partes do corpo. Quando eu percebo com atenção o que é o banho, então limpo-me também de todas as perturbações das projeções que os outros fazem sobre mim, limpo-me das perturbações de minhas próprias autoimagens. Eu lavo o que é obscuro para que a imagem clara e originária que Deus faz de mim passe ao primeiro plano; para que eu me torne receptivo à beleza que deve brilhar em mim.

E quando sigo meu caminho com atenção, vivencio o que seguir esse caminho *também* pode significar: emigrar para fora da minha dependência em relação a algumas coisas, seguir em frente no meu caminho de transformação interior e avançar no sentido do objetivo de minha vida.

Todas as atividades que eu executo atentamente vão revelar-se para mim em seu verdadeiro sentido. E eu vou perceber as pessoas e as coisas em torno de mim de outro modo, com mais profundidade. Eu darei atenção a elas. E, por fim, verei com olhos despertos o que é real e verdadeiro em todas as coisas.

Histórias para despertar

Zelo é atenção redobrada. Uma pessoa que se deixa levar, que não é consciente de si, que se perde em meio à multidão, perde essa capacidade. A solidão estimula o zelo.

Simone Weil explicou isso da seguinte maneira: Quem aceita sozinho e de forma totalmente consciente o desafio da solidão, quem não se deixa distrair, liberta-se sem demora das influências externas, toma consciência de si e torna-se livre. O caminho para essa libertação, segundo a filósofa francesa, consiste em existirmos totalmente no momento presente: "O valor da solidão está em que ela possibilita uma atenção maior".

Eu estou atento. Eu estou desperto. Eu escuto. O que Simone Weil formula para a sociedade de massa moderna é algo conhecido de uma grande e longa tradição. São Bento exige dos monges que eles ouçam a Palavra de Deus "com ouvidos atentos".

Mística não é outra coisa senão despertar para a realidade, segundo o jesuíta indiano Anthony de Mello. Isso não vale só para as grandes figuras da história da religião. Trata-se de exercitar o zelo na vida cotidiana. Isso também vale para nós. Ainda hoje. Contamos às crianças histórias para dormir, diz De Mello. Os adultos precisam de histórias para acordar. Zelo e atenção no cotidiano são sinais dessa lucidez interior com a qual eu percebo as coisas ao meu redor de um jeito novo; dessa lucidez com a qual eu percebo a essência delas.

Como é comum estarmos distraídos! Somente quando nada de exterior nos perturba, os nossos sentidos se abrem; somente então notamos o mistério de todos os seres.

SOLIDÃO

É possível desfrutar da solidão

"Quem nunca está sozinho não conhece a alegria de estar só." É o sábio sufi Hazrat Inayat Khan quem diz isso. Em conversas, ouço muitas vezes o contrário. Pois, muitas pessoas reclamam: "Sinto-me tão só. Ninguém me visita. Não tenho ninguém com quem possa compartilhar ideias e sentimentos". A solidão torna-se uma fonte de sofrimento.

Entretanto, existe uma outra perspectiva. Quando percebo conscientemente a minha solidão, posso desfrutar dela. A diferença está somente no modo de vê-la. Eu posso lamentar que agora ninguém me dá atenção e também alegrar-me de não ter perturbações exteriores, de ninguém querer nada de mim, de ninguém prender-se a mim e me impor as suas exigências. Quando eu posso ver a minha situação desse modo, sinto-me livre. Posso tomar fôlego. Posso desfrutar do silêncio e da paz que vem do silêncio e me cerca. Pode-se entender a palavra alemã "sozinho" (*allein*), como propõe o psicólogo Peter Schellenbaum, no sentido de "estar em harmonia com todas as coisas" (*all-eins*). Schellenbaum quer dizer que seria ótimo estar só nesse sentido, i. é, estar em harmonia com todas as coisas (*mit allem eins zu sein*). Ao estar sozinho, entrevejo um pouco o anseio humano fundamental de alcançar a unidade a partir da multiplicidade, de estar em harmonia consigo e com Deus, de estar em harmonia com as pessoas e com o mundo. Quem se encontra nessa harmonia com todas as coisas percebe a realidade como ela é. Ela descobre o seu mistério. Ela conhece profundamente o que sustenta a realidade.

Separar-se de todas as coisas para unir-se a todas elas

A solidão tem duas faces. Podemos sofrer em razão dela. E podemos experimentá-la como uma força que nos fortalece. Podemos então vivenciá-la positivamente, como um espaço interior que nos faz tomar consciência de nós mesmos. Uma pessoa pode sentir-se só mesmo em meio a muitas pessoas. Justamente hoje muitos reclamam de que se sentem sozinhos e isolados no meio das cidades populosas. No entanto, a solidão sempre ocupou uma posição importante na tradição espiritual. Ela pertence essencialmente ao fato de sermos humanos.

Paul Tillich, teólogo e filósofo evangélico, chega a dizer que a religião é aquilo que cada um faz com a sua solidão. Os monges do século IV retiraram-se do mundo a fim de viverem, no deserto, sozinhos com Deus. Entretanto, na solidão do deserto eles não se sentiam abandonados ou como se tivessem sido deixados de lado. Eles sentiam era uma nova conexão com tudo o que existe. Eles se sentiam em harmonia (*eins*) com o fundamento de tudo o que existe, "em harmonia com todas as coisas" (*all-eins*).

Para mim, que sou monge, essa experiência de solidão é decisiva. Monge é literalmente aquele que vive só. A palavra "monge" deriva do grego *monazein*, retirar-se. O antigo teólogo da vida monástica Dionísio Areopagita explica-a também a partir de *monas*, i. é, unidade. Monge é, assim, aquele que está em harmonia consigo e com Deus; aquele que superou a divisão interior.

Assim entendeu também o monge grego Evagrius Ponticus no século IV, quando escreveu: "Um monge é um homem que separou-se de tudo e sente-se, entretanto, ligado a todas as coisas. Um monge sabe que está em harmonia com todos os homens, pois ele sempre está de acordo com todos". A solidão torna-se fonte de alegria quando eu percebo essa ligação interior com tudo e todos, e sei do fundo da alma que estou em harmonia com Deus.

Não é preciso viver em um mosteiro ou em um eremitério para descobrir de vez em quando "o monge que temos em nós" e experimentar a solidão como a fonte que fortalece a própria vida.

Perto do fundamento do ser

"Nas grandes cidades, é verdade que o homem pode facilmente ficar tão sozinho como ele não pode ficar em nenhum outro lugar. Mas lá ele não pode nunca estar só (*einsam*). Pois a solidão (*Einsamkeit*) tem o poder originário, não de nos isolar, mas de nos desprender para a proximidade distante da essência de todas as coisas". Heidegger distingue entre isolamento e solidão. O isolamento de uma pessoa não é nada especial. O fato de estar sozinho só se torna um valor na solidão (*Einsamkeit*). A solidão nos conduz para a proximidade da essência de todas as coisas. O solitário (*Einsame*) está perto do fundamento do ser, ele está em contato com o essencial. O sufixo alemão *-sam* aparece também em "reunir" (*Sammeln*). Ele significa originalmente "concordar com alguma coisa, ter a mesma constituição". O solitário está de acordo com a sua solidão. Ele gosta de estar só. A solidão é para ele o caminho para entrar em harmonia consigo mesmo e estar de acordo com a sua essência e com a essência de todas as coisas. Ela tem, portanto, uma qualidade espiritual. Chegar a um acordo ou harmonia perfeita é o objetivo de toda a mística. Cada um de nós deve, de vez em quando, fazer a experiência de estar nessa harmonia perfeita. Em tais instantes sinto-me em harmonia comigo, de acordo com minha história de vida, em harmonia com a criação, em harmonia com Deus e em harmonia com todos os homens. Tempo e eternidade tornam-se a mesma coisa em tais momentos.

No entanto, é sempre apenas por um instante que a solidão nos conduz à experiência da harmonia perfeita. Muitas vezes ela nos mostra o seu outro rosto. Nesse momento, ela nos faz sofrer. Então ansiamos a presença de outras pessoas, com quem possamos compartilhar ideias e sentimentos. E surge em nós a seguinte frase do Gênesis: "Não é boa para os homens a solidão" (Gn 2,18).

Um caminho para o Tu

"O caminho para o verdadeiro Tu nas outras pessoas passa pela solidão interior." O filósofo da existência Ferdinand Ebner foi estimulado pelo duplo movimento que se encontra na solidão. Ele via na solidão uma condição para a verdadeira comunidade: quem precisa estar sempre junto de outras pessoas, muitas vezes não se depara com o verdadeiro Tu. Muitas vezes, essa pessoa precisa de outras pessoas somente para encobrir a sua solidão. No entanto, o encontro verdadeiro não é possível nessas circunstâncias. O que ocorre na verdade é que a pessoa se cola à outra. Somente quem pode estar de bem consigo mesmo na solidão é capaz de descobrir e respeitar o Tu dos outros. Ele não cobra nada aos outros, mas se coloca admirado diante do seu mistério. Ele presta atenção nos outros. Somente assim ele nota o que significa "Tu".

Como o outro grande pensador que refletiu sobre o diálogo, i. é, Martin Buber, Ebner está convencido de que nós só encontramos nosso verdadeiro Eu no Tu. Mas, para intuir o mistério do Tu, é necessário sustentar a solidão interior e, sobretudo, descobrir na solidão o mistério do ser-Eu. Achamos que sabemos o que somos. Entretanto, quem somos nós realmente? Onde está o ponto em que se pode dizer "Eu"? A maravilha do encontro só acontece quando aprendemos sobre o mistério do Eu e do Tu. Mas, para isso, precisamos da experiência da solidão.

Em boa companhia

"Na solidão, onde as pessoas se voltam para si mesmas, aparece o que elas têm em si." Schopenhauer formula aqui algo de correto: quem está sozinho confronta-se consigo mesmo. A pessoa tem de acertar contas consigo. Ela pode desfrutar da liberdade de ser como ela é. Ou viver vendo-se como prisioneira de sua própria limitação. Jean-Paul Sartre via a relação entre isolamento e solidão de modo semelhante: "Quem está isolado, quando sozinho, encontra-se em má companhia". Quem se sente isolado quando está só consigo não pode suportar a si mesmo. Portanto, eu só posso suportar a solidão quando eu me relaciono bem comigo mesmo. Enquanto eu me desvalorizo, a solidão torna-se um tormento. Pois não se pode estar de bem com uma pessoa que se condena e desvaloriza. Somente quando eu me aceito experimento a liberdade da solidão.

VELHICE

Deve-se começar cedo

"O que acontece com a velhice é o mesmo que acontece com tudo. As pessoas devem começar cedo para terem sucesso nela." Fred Astaire disse isso e expressou o seguinte: Só é capaz de viver bem quem aceita o seu envelhecimento e aproveita a oportunidade da velhice. Em vez de prender-me à minha juventude, como costuma acontecer, ele aconselha que aceitemos o envelhecimento. Isso significa que eu estou disposto a desprender-me, a aceitar coisas novas. Apenas quem se desprende permanece vivaz. O jovem tem de desprender-se da juventude para tornar-se adulto. No meio da vida, ele deve desprender-se de alguns sonhos que ele tinha sobre a vida. Quando se aposenta, deve desprender-se do emprego com o qual ele se identificou. Ele tem de desenvolver em si outros valores para permanecer vivaz. Envelhecer é a chance de tornar-se maduro. Ter contato com um idoso realmente sábio é bom para todos. A sabedoria da velhice é como uma luz suave que se projeta sobre a nossa vida. Nessa luz suave ousamos ver a nossa vida como ela é. Mas o envelhecimento não se dá sem sofrimentos. Trata-se de viver a sua vida conscientemente e aceitá-la com todos os seus aspectos difíceis e dolorosos. Devemos despedir-nos da ilusão de que podemos ter nossa vida sempre nas mãos ou "sob controle".

Mania de juventude

Atualmente, todos gostariam de ser jovens, vivazes e bonitos e de permanecer jovens, vivazes e sem rugas tanto tempo quanto possível. C.G. Jung, o terapeuta suíço, chama isso de falta de cultura: "Um velho que não sabe dar ouvidos ao mistério dos riachos que murmuram desde os picos até os vales é tolo, uma múmia espiritual, que não é outra coisa senão passado estagnado. Ele permanece à margem de sua vida, repetindo-se qual uma máquina até cair na máxima banalidade. O que esperar de uma cultura que precisa de tais fantasmas!" A mesma sociedade que tem em tão alta conta o ideal da juventude torna-se, ao mesmo tempo, cada vez mais velha. A valorização da eterna juventude tem efeitos grotescos em uma época na qual há cada vez mais velhos e menos jovens.

O médico Manfred Lütz chamou certa vez o culto à juventude em voga atualmente de "uma bem-sucedida ação em massa para a produção de uma sociedade infeliz"; e acrescentou: "Uma coisa é certa: quem está contente com a sua velhice tem por mais tempo o gosto de viver". Isso é verdade. Você não acha?

Conciliado

Meu velho mestre de noviços, uma pessoa verdadeiramente espiritual, disse-me uma vez que nunca pensou que envelhecer fosse tão difícil assim. Ele era organista. Com a idade, os seus dedos não funcionavam mais. Mas, quando ele aceitou que não poderia mais tocar o órgão como virtuoso, a sua atividade musical ganhou uma nova qualidade. Todos os dias ele improvisava depois do almoço, quando presumia estar sozinho na igreja. Eram sons suaves. No entanto, as pessoas começavam, aos poucos, a falar. Alguns amantes da música sentavam-se em um canto oculto da igreja e ficavam à escuta dos seus sons. Eles eram tão transparentes e delicados que acalmavam e elevavam a alma. Algo de leve e puro fluía para os ouvintes. Fazia bem à alma deles.

A idade pôs os critérios no lugar certo: "Antes eu detestava estar envelhecendo, porque pensava que não poderia então fazer todas as coisas que eu queria fazer. Agora que sou mais velho, constato que eu não gostaria de fazê-las". Esta é uma frase de um homem de oitenta anos que conciliou-se com sua idade. Ele descobriu coisas mais importantes. Não se trata mais de fazer tudo em que ele tem prazer. Muitas das coisas que nos preocupam não são, na verdade, tão importantes. A velhice nos encaminha para o que é essencial. Ela cria uma distância em relação ao que nos oprime no cotidiano caótico, tumultuado por obrigações.

Ida Friederike Görres achava que a velhice tinha a tarefa de "mostrar, com bom humor, o distanciamento" àquelas pessoas que esperneiam ainda no calor e na pressa do cotidiano. Ela entende a velhice "menos como uma colheita da vida do que como a ordem de afastar aos poucos a cortina do limiar da nova vida". O idoso levanta a cortina que está sobre todas as coisas. Ele tem algo de importante para nos mostrar: ele conduz o nosso olhar para o que é essencial e para a nova vida que nos espera na morte.

Fontes de lembranças

Em que consiste a alegria e a sabedoria da velhice? Talvez consista nas lembranças. Quem teve muitas experiências torna-se experiente. Quem gosta de se lembrar do que ele vivenciou permanece vivaz. Ele não vive no passado. Para ele, o vivenciado é como uma fonte. Ele refresca o presente com a água da fonte inesgotável da memória. O presente é, de certo modo, relativizado. O idoso conhece o que é realmente importante no momento presente. Ele pode olhar sereno para as discussões acaloradas. A sua lembrança sobre o que aconteceu antes dá-lhe a capacidade de colocar as coisas em seu devido lugar. E ela torna possível para ele retirar-se do caos atual. Quando as dores o pressionam, ele sempre tem a possibilidade de retornar ao domínio da lembrança. Para o poeta Jean-Paul, a lembrança é "o único paraíso do qual não podemos ser expulsos". Mesmo quando estamos no inferno do abandono ou da doença, podemos fugir para o paraíso da lembrança. E ninguém pode nos expulsar daí.

DECÊNCIA

A decência compensa

Decência não é um conceito moderno. Ele nos faz lembrar do burguês do século XIX. No entanto, um contemporâneo e testemunha da história recente, Wladyslaw Bartoszewski, um ministro polonês de relações exteriores, que sobreviveu em sua juventude ao campo de concentração de Auschwitz e que, logo depois, foi capturado em prisões stalinistas, escreveu, para relatar a sua vida nem um pouco fácil, um livro chamado *A decência compensa*. No seu balanço, torna-se claro que a decência é mais do que bom comportamento. É uma atitude que determina todas as decisões e ações. É decente, em sentido literal, aquele que persiste e espera. Assim, ele pode perceber o outro. A decência requer que a pessoa se detenha. Apenas assim eu posso avaliar corretamente a situação. E eu reconhecerei como me comportar de modo a corresponder à situação.

Para Andréas Brenner e Jörg Zirfas, essa atitude é necessária para a boa convivência: "Quem é decente reconhece no outro o que ele mesmo é: uma pessoa. Tratar o outro com decência provém, portanto, da estima que temos por nós mesmos". Tal decência é sempre apropriada. E ela é necessária precisamente quando o outro é ameaçado ou tem a sua dignidade posta em xeque e nós podemos nos colocar do seu lado através de uma palavra animadora ou de uma ação corajosa. Experimentamos também em nós mesmos o que é dito sobre os outros: quando alguém nos trata com decência, sentimo-nos estimados, e o contato ganha o sabor de algo que não é banal, de algo extraordinário, que vale a pena. Conhecemos o mistério do outro. E descobrimos a nós mesmos em nossa dignidade. Quem é decente não massacra, não rebaixa, mas eleva. Na medida em que ele persiste cheio de respeito, dá-nos a possibilidade de estimarmos a nós mesmos, de sermos íntegros, de sermos francos.

TRABALHO

Comprometimento

Para os romanos, o trabalho não era lá grande coisa. Eles chamam o trabalho árduo de *nec-otium*. Ele é, portanto, a negação do ócio, da folga. Para os romanos, o ócio, i. é, ter tempo livre para dedicar-se à arte e à ciência, era algo digno de ser desejado. O trabalho enquanto "labor", enquanto esforço, era antes algo para os escravos ou para as pessoas do campo. São Bento alterou profundamente essa concepção errônea sobre o trabalho, embora ele mesmo fosse romano. Para ele, o trabalho era importante para três coisas. Em primeiro lugar, o homem deve obter o seu próprio sustento através do trabalho que ele exerce com as próprias mãos. Isso mostra a ele que a vida não é um mero deleite, mas envolve também esforço. Mas, acima de tudo, ele o torna interiormente livre. Ele pode, por si mesmo, dar forma à sua vida. O trabalho tem, por isso, uma importância social. Ele é sempre um serviço para as outras pessoas. Isso não vale só para os típicos serviços orientados para o outro, como a assistência, o aconselhamento espiritual ou a terapia; isso vale também para todos os trabalhos. O operário que instala bem um aquecedor serve, desse modo, às pessoas. O terceiro aspecto importante do trabalho é o espiritual: no trabalho, eu aprendo a conhecer-me. E no trabalho eu posso exercitar atitudes que são importantes também para o meu relacionamento com Deus: confiabilidade, prontidão, estar livre do egoísmo. O trabalho exige que eu me envolva com as coisas com as quais lido; que eu me envolva com as pessoas a quem sirvo. Assim, eu devo deixar-me de lado, abandonar-me, para envolver-me com o meu trabalho.

A língua alemã também mostra que, originalmente, o trabalho não era nada agradável. Os germanos tinham pouca satisfação em trabalhar. A palavra trabalho deriva de uma raiz que significa "ser órfão, ser uma criança a quem cabe uma atividade física muito pesada". Somente o contato com a Bíblia ("Quem não trabalha também não deve comer", 2Ts 3,10) lançou paulatinamente uma outra luz sobre o trabalho. Na Idade Média as corporações de artesãos desenvolveram uma ética de trabalho própria. A Reforma atribuiu então ao trabalho uma nova posição.

Trabalhe e não fique triste

Há pessoas que têm prazer no trabalho e para quem o trabalho só traz satisfação. Mas isso não é a regra. Os poetas nos alertam sempre para que não nos entrincheiremos atrás do trabalho e, desse modo, nos separemos da vida. Robert Walser viu este perigo do trabalho duro: "Quem é obrigado a trabalhar duro ou, em geral, está muito ativo, está estragado para a alegria; e tem um rosto contrafeito, e tudo o que ele pensa é simples e triste". Trabalho demais pode, portanto, conduzir à tristeza e ao desânimo. Em oposição a isso, há as clássicas palavras que São Bento disse para o godo que usava a sua enxada nas ervas daninhas de modo tão impetuoso que ela acabou caindo em um lago. Bento enfiou o bastão dentro do lago e a enxada surgiu novamente, e juntou-se outra vez ao bastão. O santo devolveu-o ao seu confrade, que tinha força muscular de sobra, mas pouca atenção, dizendo as seguintes palavras: "trabalhe e não fique triste". Para Bento, o trabalho é, portanto, um caminho que conduz à alegria.

Uma velha doença

"Workaholismo" é uma nova palavra para uma velha doença. Johann Wolfgang von Goethe nos alertava sobre o envolvimento em uma atividade ininterrupta, como a que caracteriza hoje os trabalhadores compulsivos. As pessoas que trabalham compulsivamente trabalham muito, mas não têm grandes resultados. Portanto, elas não olham para o seu trabalho com distanciamento. Elas precisam sempre de algo para trabalhar, para se esquivarem de si mesmas e da vida. Goethe exprime isso da seguinte maneira: "Atividade sem interrupção, qualquer que seja a sua natureza, leva à bancarrota". Quem se dedica apenas ao trabalho não obtém, em última instância, nada da vida. Ele vai, finalmente, à bancarrota, i. é, a sua banca é destroçada (como diz a palavra banca rota). Ele desaprendeu a comer e a gozar a vida. No fim, a mesa em que ele poderia comer com os outros e alegrar-se com a vida lhe é tirada. Com certeza, esse não é um bom caminho para bem viver!

ASCESE

Desfrutar e recusar

Durante muito tempo a ascese foi mesmo um tabu. Nos últimos anos ela experimentou uma verdadeira ressurreição. É conhecido pela Sociologia que não há elite sem ascese. E as verdadeiras elites sempre viveram asceticamente. Tendo em vista a crescente destruição do meio ambiente, Carl Friedrich von Weizsäcker exigiu de nossa sociedade um modo de vida ascético; a mentalidade voltada para o que é descartável e o consumo sem limites não poderiam mais nos servir. Para alguns, tal exigência de uma ascese soa moralizante; a gente ouve às vezes que ela só serve para desalentar. Para os gregos antigos, um povo totalmente capaz de desfrutar da alegria, a ascese era, ao contrário, uma atitude valorizada. Ascese significa exercício, treinamento. Os esportistas precisam dela para obter altas performances. Os soldados precisam exercitar a ascese para a luta. A ascese do esporte e da luta era, para os filósofos, o paradigma da ascese enquanto treinamento para a liberdade interior. A filosofia estoica, sobretudo, teve em alta conta o autodomínio, a serenidade interior e o destemor como o ideal da individuação humana.

Quando falo da ascese, não se trata de exigir um modo de vida ascético porque não podemos mais viver de outro modo. Ela é a pressuposição para que possamos desfrutar da vida, para que nós mesmos vivamos, em vez de termos nossa vida guiada por nossas necessidades. O que é decisivo aí é a profunda atitude interior. E ela deveria ser determinada por alegria, prazer, liberdade e amor. Anthony de Mello cita um exemplo da sabedoria indiana: "'Nada é bom ou mal, enquanto o pensamento não fez com que ele se tornasse tal', dizia o mestre. Quando pediam a ele que se explicasse melhor, ele dizia: 'um homem observou um mandamento religioso do jejum durante sete dias em uma semana. O seu vizinho morreria se seguisse a mesma dieta".

O que se quer dizer com isso é que, quando a ascese não é exercitada com alegria genuína, ela nos rouba a vivacidade. Porém, quando a alegria de viver nos estimula à ascese, então ela nos conduz à liberdade interior, ao prazer de viver e a uma vivacidade que contagia e ajuda também aos outros. Tudo depende, portanto, das circunstâncias, não de um dogma. Apenas quem é livre é vivaz.

A criança e os amendoins

Uma velha história conta como o desprendimento e o deleite podem se relacionar entre si.

Uma criança pequena visita um velho monge. Sobre a sua mesa ele tem um vidro cheio de amendoins. A criança põe a mão no vidro e pega tanto quanto a sua mão pode pegar. Mas, agora, ela não consegue mais tirar a mão de dentro do vidro, que está cerrada e totalmente cheia. O velho monge diz: "Largue. Só assim você pode aproveitar os amendoins".

Essa história existe como fábula budista e também como narrativa monástica dos Padres do Deserto. Ela mostra, para além de todas as diferenças culturais, uma chave universalmente válida para o bem viver, para a felicidade: quem quer pegar coisas demais em sua mão, acaba perdendo todo o deleite. Eu só posso desfrutar daquilo de que eu me desprendo.

SINCERIDADE

A roupa do coração

"Cada palavra enviada para fora veste a roupa do coração de onde ela vem", diz o místico islâmico Ibn Ata Allah. O que ele queria dizer? Uma pessoa má vai inclinar-se à insinceridade, mas o bem viver requer a atitude da sinceridade. A pessoa sincera tem uma intuição para a sua dignidade, mas também para a dignidade dos outros. Podemos confiar nela. Ela é direta. Ela não se deforma. E ela não muda de ideia o tempo todo. É honesta e faz o que é certo, o que é de direito. Quem é sincero é honrado. Ele diz o que pensa. Ele é claro.

Ibn Ata Allah quer dizer ainda com a sua alegoria que a palavra de quem é sincero é como um traje simples. Um tal traje veste também quem o ouve. O traje se ajusta a qualquer ouvinte. É puro, discreto, atemporal, harmônico. As palavras que desanimam e rebaixam os outros jorram de um coração doente. Quem desvaloriza os outros com palavras não crê no próprio valor.

A linguagem nos trai. As palavras que jorram de nosso coração traem como parecemos por dentro. Quem elabora a atitude da sinceridade torna as suas palavras cada vez mais harmoniosas e claras. Elas se dirigem ao outro e dão-lhe ânimo para viver do jeito certo: para ele pensar e agir do jeito certo e segundo as suas possibilidades.

MISERICÓRDIA

Ter um coração para os fracos

"Sede misericordiosos como o vosso Pai." No Evangelho de Lucas (Lc 6,36), Jesus resume toda a sua doutrina nestas palavras. Misericórdia é, de acordo com elas, a essência de Deus. Na imagem do pai misericordioso, ele descreveu de forma intuitiva o seguinte: o pai não condena o seu filho que dissipou suas posses. Ao contrário, o pai corre para junto dele e o abraça. Sem fazer-lhe censuras, ele o aceita outra vez como seu filho. Celebra com ele uma festa imensa: "Queremos comer e nos alegrar. Pois o meu filho estava morto e voltou a viver; ele se perdera, mas foi encontrado outra vez" (Lc 15,23).

O pai, tal como é descrito por essa história, tem um coração para o filho que, apesar da riqueza, viveu na pobreza. Misericordioso é aquele que tem um coração para o pobre e para o órfão, para o miserável e para o ferido. Esta verdade mostra o núcleo da mensagem bíblica.

Os gregos conhecem diversas palavras que significam a misericórdia. Elas também exprimem o que Jesus quer dizer. Há, por exemplo, a palavra *splanchnizomai*, que significa "eu sou captado em minhas entranhas". As entranhas são o lugar dos sentimentos mais vulneráveis. Eu sou misericordioso quando não me fecho para o outro, mas deixo-o entrar no lugar onde se encontram meus sentimentos mais vulneráveis. Eu sinto com ele porque eu percebo nas suas feridas as minhas próprias.

O aspecto da compaixão soa, sobretudo, na palavra *oiktirmon*. O misericordioso tem compaixão pelo pobre e enfermo. É solidário com ele e vê com seus olhos. No entanto, ele não se detém no sentimento, mas está pronto a ajudá-lo.

A terceira palavra grega, *eleos*, significa sobretudo a bondade: o misericordioso relaciona-se bem com o outro, mas também consigo mesmo. Ele não se zanga consigo, não se condena. Compadecer-se significa também perdoar: perdoar a si mesmo e ao outro. Na misericórdia encontra-se a recusa a julgar e avaliar. Eu aceito o outro do modo como ele é. Percebo o seu coração atrás de tudo o que ele faz e pensa. Não me detenho no seu comportamento, mas penetro o seu coração. Penso em como é pobre o seu coração justamente quando ele se mostra tão duro e sem misericórdia. Sou misericordioso quando meu coração se abre para o seu coração pobre, e quando o amor de meu coração jorra para o seu coração fechado, perdido, órfão e pobre. Essa atitude faz bem a todas as pessoas.

Por outro lado, é óbvio que eu só posso ser misericordioso quando o sou em relação a mim mesmo. Devo parar de me condenar quando não alcanço o que me propus como objetivo. Devo ter um coração também para mim. Abba Pambo disse uma vez: "Se você tem um coração, você pode ser salvo". Quem confia em seu coração, quem o abre, é bem-sucedido em sua vida; dificilmente uma pessoa pode viver com um coração fechado.

Devemos viver de acordo com nossas capacidades

Rigorismo e dureza consigo mesmo não são saudáveis. Há um ditado grego segundo o qual "nós devemos viver, não como queremos, mas como podemos". Atrás dessas palavras encontra-se a sabedoria da misericórdia consigo mesmo. Nossas exigências em relação a nós mesmos são, entretanto, muitas vezes sem misericórdia: queremos fazer tudo perfeitamente. Queremos amar o próximo de modo totalmente altruísta. Queremos existir apenas para Deus.

Entretanto, quando olhamos honestamente para o nosso próprio coração, vemos que nele existem também outros sentimentos, necessidades e desejos. Devemos despedir-nos das ilusões que temos sobre nós mesmos. É preciso termos misericórdia por nós mesmos. Devemos admitir que não podemos tudo o que queremos; já é bastante que vivamos de acordo com nossas capacidades, e não de acordo com o que inventamos ou imaginamos ser o ideal.

MODÉSTIA I

É preciso contentar-se com as próprias capacidades

"A modéstia é um ornamento; mas uma pessoa vai mais longe sem ela", é o que as pessoas costumam dizer. Os filósofos exaltam a modéstia como uma virtude. Mas ela não é estimada pela maioria das pessoas. Todos querem apresentar-se bem no mercado e vender-se da melhor maneira possível. As pessoas devem fazer coisas boas, mas também falar sobre elas. Tais sugestões são o que encontramos em livros sobre liderança. Marketing é tudo. Será que ele é tudo mesmo?

Na língua alemã se percebe uma relação interessante entre a modéstia e a decisão. A palavra "modesto" (*bescheiden*) deriva da terminologia do Direito: o juiz me diz qual foi a sentença, ele me informa qual foi a sua decisão (*Bescheid*). Quem se satisfaz com a sentença é modesto. As pessoas que sabem contentar-se com o que lhes cabe são vistas como ajuizadas, experientes, sensatas e prudentes. Modesto é quem está de acordo com o que lhe cabe, em dons, disposições e possibilidades. Ele não deve achar-se maior do que o que ele é. Para ele, é bastante o que ele já tem. Ele não tem a necessidade de espreitar os outros cheio de cobiça. Eis o fundamento para a paz interior e a felicidade.

A sebe da sabedoria

"A modéstia é a sebe da sabedoria" segundo um ditado judeu. Não se trata de uma atitude de pessoas limitadas, acanhadas e oprimidas. Muito pelo contrário. Quem se contenta com o que Deus lhe concedeu é verdadeiramente sábio. Ele sabe mais do que os outros. Entende a si mesmo e encontra-se, portanto, sobre terra firme. Ele não olha com cobiça para os outros, mas é livre para olhar no fundo, para reconhecer o fundamento genuíno da existência. Sabedoria deriva de saber e saber, de ver (em latim, *vidi* significa eu vi). A modéstia é como uma sebe que delimita o espaço em que eu posso experimentar a verdade e perceber a realidade. Não é quem anda à espreita de tudo que se torna sábio, mas quem reconhece o fundamento de todo ser. A sebe da modéstia protege o espaço interior no qual eu posso ver o fundamento e o mistério de todo o ser, i. é, Deus, que me presenteia com a existência e é a riqueza genuína de minha alma.

GRATIDÃO

Grato por tudo

O Talmude babilônico exige do homem que ele pense não apenas no que é bom, mas também no que houve de ruim em sua vida: "O homem deve agradecer a Deus pelo que lhe acontece de ruim tanto quanto pelo que lhe acontece de bom". Gratidão (*Dankbarkeit*) deriva de pensar (*denken*). Com efeito, só pode ser grato quem sabe pensar. Quando dirijo meus pensamentos para o que Deus me deu de presente, então sou grato enquanto penso em minha vida. Ingrato é aquele que não pensa nos dons que ele recebeu, que não está disposto a pensar a história de sua vida. Quando eu posso agradecer por tudo o que me acontece, meus pensamentos se modificam. O que é ruim não gera mais pensamentos que me incomodam e torturam. O que ocorre é que a gratidão muda radicalmente o meu pensamento. Eu também reconheço um sentido nas coisas ruins que me aconteceram. Percebo que elas me tornam mais forte.

Diante de um desafio

Pessoas que expressam gratidão são pessoas agradáveis. A gente gosta de estar junto delas. Não gostamos, porém, de estar com pessoas ingratas. Elas não estão satisfeitas com nada. Elas difundem em torno de si uma atmosfera de insatisfação e amargura. O clima que elas produzem é doentio. Não é nada divertido dar-lhes um presente, pois elas não são capazes de alegrar-se com isso. Elas não são capazes de receber com gratidão o que lhes damos. Elas o recebem como uma obrigação desagradável. Ou elas se sentem forçadas a dar-nos o mesmo em troca. Mas isso acaba com a nossa vontade de dar-lhes outra coisa de presente. Por isso, preferimos afastar-nos de pessoas ingratas. Tentemos ser daquelas pessoas com quem a convivência é uma alegria.

Mudança total

No Oriente, conta-se a história de uma palmeira em cuja coroa um homem mau colocou uma pedra pesada. A pedra forçou a árvore a enterrar suas raízes na terra mais profundamente. Quando o homem mau voltou, um ano depois, essa palmeira superava em beleza todas as outras.

Algo de semelhante ocorre em relação à gratidão. Ela muda totalmente aquilo que os outros fazem comigo e o transforma em um desafio. Ela me ajuda também a crescer, quando me encontro em uma das situações difíceis da vida, e a enterrar mais profundamente as minhas raízes. Ela me dá a força para não me apoiar sobre elogios ou censuras, mas sim, em última instância, sobre Deus.

Sempre em fluxo

"Quem não agradece pela graça, corre o perigo de que ela acabe; mas quem agradece por ela amarra-a com as suas próprias cordas" (Ibn Ata Allah). Nestas palavras expressa-se a experiência de que a gratidão fomenta o bem viver. Quem quer apenas desfrutar tem medo de que o que é bom lhe seja arrancado rápido. Portanto, ele tem de se agarrar avidamente a tudo. Mas quem agradece por aquilo que recebe de presente experimenta sempre algo de novo, pelo qual ele pode agradecer. É verdade que Ibn Ata Allah diz que a gratidão irá amarrar a graça com as suas próprias cordas. Esta é uma imagem forte para a experiência de que a graça continua a fluir quando agradecemos por ela. Quando nós, ao contrário, a tomamos como algo sem importância, ela se esgota. A pessoa ingrata tem sempre pouco. Para ela, nunca é suficiente o que recebe. Quem é grato, porém, sempre tem alguma coisa pela qual ele pode agradecer. Nele, a vida jorra. A gratidão o mantém em fluxo.

Perceber sua dependência em relação aos outros

Martin Heidegger, que refletiu muito sobre a origem da gratidão, diz: "O agradecimento originário é a percepção de que não somos autossuficientes. Apenas nela e a partir dela tem lugar aquele agradecimento que conhecemos como uma retribuição ou uma recompensa no sentido bom ou ruim".

Nossa existência fundamenta-se, portanto, sobre a ideia de que eu percebo que não sou autossuficiente. Minha existência não é algo de óbvio e sem importância. Perceber a sua dependência em relação aos outros é algo de mais originário do que agradecer aos outros. Eu agradeço a Deus pelo fato de eu existir, pelo fato de Ele me dar de presente os seus dons diariamente. Mas quando reflito sobre a origem de minha existência, reconheço na percepção de minha dependência o fundamento sobre o qual se assenta a minha vida. Eu sou alguém que depende do outro. Minha existência não se deve a mim, mas a Deus. Quem reflete sobre o seu próprio ser, quem reflete com mais profundidade sobre o fundamento de sua vida, não pode fazer outra coisa senão agradecer. Pois o seu ser se deve totalmente a Deus, a origem de todo o ser.

MODÉSTIA II

Uma parte da perfeição

"Ainda que você tenha todas as qualidades, se não for modesto, você é imperfeito." Estas palavras da sabedoria judaica soam um pouco estranhas para um ouvido atual. A modéstia tem algo como um sabor esquisito. Na Regra de São Bento, não. Nela, um capítulo inteiro é dedicado à modéstia. Quando eu li esse capítulo no noviciado, não me entusiasmei muito com ele. A modéstia também não era nada atraente para mim. Quanto à modéstia, as pessoas costumam pensar que ela consiste em rebaixar-se diante dos outros, não confiar em si mesmo e desvalorizar-se. Ela parece ser, sobretudo, uma atitude passiva e humilhante. Assim pensavam os gregos, que eram um povo orgulhoso, que estava consciente de sua dignidade. Para os gregos, a palavra correspondente a "humilde" (*tapeinos*), significa ao mesmo tempo "humilde" e "baixo". Uma pessoa modesta é, portanto, uma pessoa baixa. Mas pode-se entender a humildade de outro modo. Na palavra alemã "humildade" (*Demut*) encontra-se a palavra "coragem" (*Mut*). Humildade significa então originariamente a coragem de servir. E em latim a palavra que significa humildade é *humilitas*, que tem a ver com *humus*, i. é, com a terra. Para os romanos, a humildade é, portanto, a coragem de assumir a sua própria existência na Terra. Assim também entenderam os primeiros monges. Humildade é a coragem de ver a própria verdade, de descer aos abismos da própria alma, nos quais não se encontram apenas virtudes, mas também coisas sombrias, agressões, grandes fantasias, tristeza, medo e desamparo.

"Ainda que você tenha todas as qualidades, se não for modesto, você é imperfeito." Estas palavras são, portanto, totalmente corretas. Os Padres da Igreja e os monges pensavam de modo semelhante nos primeiros séculos do cristianismo. Somente quem tem a coragem de ver e assumir a própria verdade pode viver sem medo. Quem se esconde atrás de uma fachada tem sempre medo de que os outros possam olhar atrás dela e descobrir os erros e fraquezas cuidadosamente ocultos. Para os monges, porém, a modéstia é sobretudo uma atitude religiosa: quem entra em contato com Deus conhece também, em Deus, a sua própria verdade. E isso é muitas vezes doloroso. Diante de Deus, torna-se patente para mim quem eu sou realmente; torna-se patente também que eu dependo de Deus e fico sempre aquém dos meus ideais. Para os monges, ninguém pode encontrar-se com Deus sem procurar antes conhecer a si mesmo. Portanto, a modéstia é um pressuposto para entrar em contato com Deus. Sem modéstia corro sempre o risco de tomar Deus só para mim, i. é, o risco de pavonear-me por minha experiência com Deus. A modéstia nos protege de acreditarmos ser mais do que os outros em razão de nossa espiritualidade. A modéstia nos mantém em terra firme; ela dá à nossa vida uma sustentação. E somente quem tem raízes firmes é capaz de perseverar. A quem se desvia de seu caminho acontece o que aconteceu a Ícaro: aproxima-se demais do sol e despenca, de repente, lá do alto.

Encontro com a sombra

Os primeiros monges acreditavam que à arte do discernimento pertencia sempre aquela atitude de modéstia que se origina de um encontro corajoso com a própria sombra e da aceitação de sua própria condição terrena. Este é o pressuposto para um bom encontro com as outras pessoas; ele permite que eu não misture essa relação com as minhas necessidades reprimidas. É muito frequente termos contato com pessoas que, ao ajudarem outra pessoa, misturam rapidamente a essa relação a sua necessidade reprimida de poder. Outros vinculam à ajuda que dão para o outro os seus sentimentos de culpa reprimidos. Eles se redimem entregando-se aos outros. É justamente nas atividades de ajuda aos outros que se nota rapidamente que isso não tem resultado e não torna ninguém mais feliz. Quem trabalha a partir de tais condições apenas esgota-se e não ajuda realmente as pessoas que acompanha. Ele vai prendê-las a si, em vez de permitir que se libertem.

Quem não integrou sua sombra não verá Deus como Ele realmente é. Vai projetar em Deus apenas os aspectos luminosos. E vai utilizar Deus para tirar de seu caminho os seus próprios aspectos obscuros. O conhecimento sobre Deus envolve também o encontro com o lado obscuro de Deus, com o Deus que é totalmente diferente de como o imaginamos, que arrasa as imagens que temos de nós mesmos. A capacidade de entrar em contato com o lado obscuro de Deus muda radicalmente o homem e o faz crescer e tornar-se maduro. O encontro modesto com a própria sombra é, portanto, importante também para um encontro honesto com Deus.

DISCRIÇÃO

A mãe de todas as virtudes

"Quando você vê alguém que responde a todas as perguntas que lhe são feitas, que fala sobre tudo o que ele observa, que cita tudo o que ele aprendeu, você conclui que essa pessoa é um tolo." Hoje diríamos que é a virtude da discrição o que Ibn Ata Allah visa com as suas palavras. Quem tem resposta para tudo, quem não resiste à tentação de dar a sua opinião, é indiscreto. É sem tato, importuno e impertinente. Para São Bento, a *discretio* é a mãe de todas as virtudes. *Discretio* é o dom de discernir os espíritos, é a intuição da medida correta. A palavra deriva de *discernere*, que significa cortar, separar, distinguir. Em alemão, discrição assumiu um outro significado. Uma vez que *discernere* pode significar também "afastar", a discrição é entendida mais como reserva, retraimento. Eu considero as coisas à distância, afastando-me delas. Eu não julgo. Não devo falar nada sobre elas. A discrição é a capacidade de deixar as coisas como estão, de recusar-se a julgar e avaliar. A discrição cria uma atmosfera agradável. Junto de uma pessoa discreta, sinto-me livre para ser eu mesmo; quando não sou observado e julgado, posso ser eu mesmo. Confiarei em uma pessoa discreta quando uma questão me inquietar ou quando eu não estiver bem. Nessa situação não tenho medo de falar sobre mim mesmo. Sei que o outro guardará para si o que eu disser. A indiscrição destrói a comunidade. A discrição é o seu fundamento.

O segredo do lóbulo da orelha

A Bíblia censura as pessoas que falam à toa e não resistem à tentação de comentar tudo o que veem. No Livro dos Provérbios diz-se o seguinte, por exemplo: "Não divulgue os segredos dos outros" (Pr 25,9). Não se trata de mera tagarelice, mas de algo mais fundamental; trata-se de aceitar o segredo do outro, de considerá-lo respeitosamente. Quem não tem freio na língua não pode ser bem-sucedido. Vai sentir-se logo abandonado, porque ninguém mais quererá confiar-lhe nada: "O tolo tagarela irá tropeçar" (Pr 10,10). Em todos os povos e culturas sabe-se como é perigosa a fala irrefletida. Ela destrói o convívio e atiça a discórdia entre as pessoas. O Talmude babilônico aconselha que tapemos os ouvidos em face de uma fala indigna:

"Por que a orelha toda é dura e o lóbulo é mole? O motivo é que, assim, o homem pode dobrar o lóbulo e tapar o ouvido, quando ele ouve alguém dizendo coisas indignas".

VENERAÇÃO

Comovido

Muitas pessoas que observam a nossa época e refletem sobre ela lamentam que a honestidade seja coisa do passado. E essa opinião não é só dos nostálgicos conservadores, para quem no passado tudo era simplesmente melhor. Honestidade é a atitude que percebe e respeita o outro em sua alteridade. A atitude da honestidade tem a ver com veneração e afastamento: eu noto o que é sublime, desconhecido e misterioso em Deus e em uma pessoa. Eu me afasto daquilo que vejo, e me sinto ao mesmo tempo atraído. Algo me comove. A Bíblia exige que tenhamos veneração sobretudo por Deus. Mas a veneração também é uma atitude que nos faz bem quando a assumimos em relação a outras pessoas. "Meu filho, honrai o teu pai em palavras e ações, para que recebais toda a bênção" (Eclo 3,8). A veneração honra o pai e a mãe. Ele é uma fonte de bênção para as pessoas. "Quem venera o pai viverá mais, e quem honra sua mãe honra o Senhor" (Eclo 3,5). O sábio Jesus Sirach, que aparece no Antigo Testamento, vê na veneração uma condição para uma vida longa e bem-sucedida. Veneração pelos pais não significa que eu ignore os males que eles me causaram. E veneração não significa que eu permaneça durante toda a minha vida dependente deles e aprove tudo o que eles dizem. Veneração significa, na verdade, que eu os respeito, ainda que não os entenda. Eu os honro, ainda que me separe deles. Somente enquanto há tal veneração pode-se dar uma separação bem-sucedida e formar-se uma nova relação depois desse afastamento, na qual lembro-me com gratidão das raízes que eles me deram de presente.

O mundo está se tornando um mercado

"Se você não é mais capaz de venerar e permite que o orgulho apequene o respeito que você tem pelos outros, o mundo tornar-se-á um mercado para você", diz o pensador judeu Abraham J. Heschel. Ele está convencido de que a vida, sem veneração, seria tediosa e trivial. Sem veneração, nós perdemos o espanto diante da beleza do mundo. Sem veneração, tudo se torna banal. Não há mais nenhum mistério que possamos admirar com espanto. Goethe pensa que é tarefa de toda religião ensinar a veneração; ela é, em sua opinião, uma característica essencial da humanidade.

Romano Guardini disse algo de semelhante a respeito da veneração: "Na veneração o homem recusa-se a fazer o que, em outra situação, ele gostaria de fazer, i. é, tomar posse das coisas e usá-las para seus fins". A veneração cria o espaço no qual o homem e as coisas podem ser o que são. A dignidade do homem requer que tenhamos veneração por ele. Sem veneração não há bem viver.

EDUCAÇÃO

O mistério da criança

A palavra alemã "educar" (*erziehen*) deriva de "tirar" (*ziehen*). Quando educo uma criança, extraio o que se encontra dentro dela. Isso é o que significa também a palavra latina para "educar", i. é, *educare*. Ela deriva de *ducere*, i. é, "guiar". Quando educo, guio uma criança para que ela saia de uma vida inconsciente para uma consciente. Guio-a para que ela saia da imaturidade e entre na maturidade e no crescimento. Eu extraio da criança o que se encontra dentro dela.

Quando entrei no internato aos dez anos, éramos chamados de "alunos". Éramos aqueles que se queria educar. E um instrumento pedagógico importante era a nossa disciplina (*Zucht*). "Disciplina" (*Zucht*) deriva de tirar *ziehen*. "Disciplinar" significa, em sentido próprio, que o educador extrai da criança aquilo que existe dentro dela. Mas quase sempre a disciplina é entendida de outro modo. Ela tornou-se um caminho que percorremos dentro de uma camisa de força, que nos ajustaria à imagem ideal. Somos confinados dentro de alguma coisa que não queríamos na verdade. A disciplina foi vinculada diretamente à ordem; o que devemos fazer se reduziria a ajoelharmo-nos diante da disciplina.

O poeta libanês Khalil Gibran entende por educação outra coisa. É algo como o que a língua exprime: extrair, trazer para fora o que já existia dentro das pessoas. "Tuas crianças não são coisas que te pertencem, mas filhos e filhas do anseio que a vida tem por si mesma. A alma delas mora na casa do amanhã, onde tu não podes visitá-la." As crianças não pertencem aos pais e educadores. Elas pertencem, em última instância, a Deus. E, segundo Gibran, elas pertencem ao anseio que a vida tem por si mesma. Elas têm em si o anseio de ser o que elas querem ser de acordo com Deus, de acordo com a imagem única que Deus tem delas. Isso exige que os pais meditem sobre o mistério de cada criança. Que anseio se encontra nessa criança? Qual é o seu mistério? O que ela pensa? O que sente? Quais são seus pontos fortes, qual é o seu talento? Quando medito sobre cada criança, reconheço que cada um é único e singular, que cada um tem o seu modo de pensar, de sentir, de agir, de crescer. Não posso dispor da criança. Ela mora em uma casa que eu não posso visitar. Só posso intuir o que é a manhã que raia nessa criança. Mas eu não sei o que é certo para ela. Não posso ver o que há na casa de sua alma do mesmo modo que vejo o seu quarto, que arrumo quando está muito bagunçado. Não sou capaz de decorar a casa de sua alma de acordo com o meu gosto. Ela é inacessível para mim. Só posso respeitá-la e rezar para que a criança sinta-se como em um lar nessa casa do amanhã; para que ela conheça e propicie a sua própria manhã.

A arte de não prender

"Nós queremos crianças que se adaptem e que se destaquem. Poucas vezes nos damos conta de que há uma contradição entre esses objetivos". Ellen Goodman, ganhadora do Prêmio Pulitzer, chama a atenção para um outro dilema da educação das crianças. Por um lado, queremos crianças de quem podemos cuidar facilmente; por outro, queremos crianças que se destaquem por sua própria opinião e por características que as distinguem dos outros. No entanto, crianças que se ajustam ao seu meio social dificilmente podem destacar-se; elas permanecem na média. Devemos abrir mão das duas expectativas, para que as crianças possam tornar-se por si mesmas o que elas são.

Não prender a criança pertence à essência da boa educação. Os bons pais sabem que não devem prender os seus filhos. Mas, assim que chega o momento de soltá-los, os pais encontram dificuldades. Quando o filho traz para casa uma namorada que não corresponde ao que eles esperavam, a boa intenção de não se intrometer em sua vida vai por água abaixo. Quanto a isso, as palavras do grande editor americano Malcolm Forbes são totalmente pertinentes: "Quem quer ficar com seus filhos deve deixá-los ir". E deve-se soltá-los sobretudo quando eles seguem por caminhos que não são os que imaginamos para eles. As crianças que seguem seu próprio caminho retornarão sempre para os seus pais e serão gratos por aquilo que receberam deles.

AMABILIDADE

A amabilidade desperta a vida

Quando vou a uma loja para comprar alguma coisa, fico grato quando uma vendedora amigável me atende. Noto rapidamente se essa amabilidade é fingida e serve apenas para vender, ou se ela é verdadeira. Uma pessoa amigável me faz bem. Sinto-me bem em sua presença. Algo de alegre e gentil emana dela, e eu me sinto respeitado e bem cuidado. Abraham Heschel fez a experiência de que as pessoas amáveis nos fazem bem justamente na velhice: "Quando era jovem, eu venerava as pessoas inteligentes. Agora que sou velho, venero as pessoas amáveis". A pessoa amável não julga o outro. Ela se dirige para ele amigavelmente, sorri e desperta nele uma vida nova. A amabilidade nos põe em contato com a nossa própria alegria e contentamento, com a leveza interior de nossa alma. Ela contagia. E se espalha. A amabilidade faz bem a todos.

O sorriso é o começo do amor

"A pessoa amigável atrai a simpatia para si" é o que diz um ditado de Camarões. A pessoa amigável não faz bem somente para os outros; ela faz bem para si mesma. Uma pessoa arredia isola-se; em um clima de agressividade e de insatisfação, ela só pode criar inimigos para si. O que é negativo age do mesmo modo do que o que é positivo. As outras pessoas relacionam-se amigavelmente com uma pessoa amigável, retribuem o que ela irradiou para o mundo. Madre Teresa via na amabilidade uma concretização da mensagem de Jesus e estimulava outras irmãs da seguinte maneira: "O sorriso é o começo do amor. Sejam amigáveis e compreensivas. Quando uma pessoa se aproximar de vocês, não permitam que ela se afaste antes de ficar melhor e mais feliz".

AMIZADE

Experiência mais profunda

"Se uma pessoa subisse até o céu e contemplasse a natureza do mundo e a beleza das estrelas, a vista maravilhosa seria um encanto para ela; mas ela ficaria extremamente feliz se tivesse alguém a quem pudesse contar tudo", eis o que diz o filósofo romano Cícero, em seu livro *Laelius*, sobre a amizade. É verdade que podemos perceber a beleza de uma paisagem e desfrutar dela. Mas sentimos a necessidade de falar sobre a beleza para outra pessoa. Em geral, caminhar em um lugar bonito nos alegra. As pessoas gostam de compartilhar a alegria. Quando eu a guardo só para mim, ela se torna chata. Às vezes, é suficiente mostrar a outra pessoa como é bonito quando uma floresta é iluminada pelo sol no outono ou que o cume de uma montanha está aparecendo atrás das nuvens. Nesse momento, os amigos olham silenciosamente na mesma direção e admiram o que veem. Em outras situações, sinto a necessidade de colocar em palavras o que vejo. O intenso desejo comum pelas palavras aprofunda a experiência. Poder compartilhá-las faz bem a ambos os amigos.

Experiências compartilhadas

Alguns soldados que tiveram de participar de ações militares difíceis, muitas vezes arriscando suas vidas, contaram-me que suas namoradas não se interessavam de modo algum pelo que eles tinham vivenciado. Isso os magoou profundamente. Muitas vezes, esse foi um dos motivos para o rompimento da relação. É verdade que eu posso sempre, por mim mesmo, relembrar as experiências passadas. Mas a lembrança é mais profunda quando posso contá-la para um amigo. Eu sei que ele ouve com atenção, que ele se interessa. Quando o amigo não está disposto a participar do que é importante para mim, sinto-me abandonado e magoado. A amizade envolve compartilhar com o outro o que cada um vivenciou, conheceu e intuiu. Ao ser compartilhado, o que experimentamos torna-se mais denso, mais profundo, mais vivo. E a amizade cresce quando falamos e ouvimos com atenção, nos momentos de tristeza e de alegria. Foi desse modo que Buda compreendeu a essência da amizade: "A amizade revela-se de três maneiras: quando uma pessoa ajuda outra a superar a desgraça, quando a ajuda a desenvolver o que é salutar e não a abandona quando ela se encontra em situação difícil". Os amigos mostram o que são nos momentos de dificuldade. Mostram-no também em outros momentos. Elie Wiesel lembra-nos de uma mensagem sábia do chassidismo: "A gente reconhece os verdadeiros amigos quando está feliz, pois somente eles não ficam com inveja quando estamos contentes".

TRANQUILIDADE

Uma arma do amor

A palavra "tranquilo" traduz a palavra grega *eirenopoioi*, que Jesus disse no Sermão da Montanha. Jesus chamou de abençoados aqueles que fomentam a paz, que a estabelecem. Não se trata apenas de pessoas que têm a paz em si, mas de pessoas que estão dispostas a criar a paz para as pessoas em torno dela. Estabelecer a paz entre os homens é uma arte. Porém, estabelecer a paz requer, ao mesmo tempo, uma boa quantidade de trabalho. Essa arte exige que falemos com as pessoas, saibamos ouvir o que elas realmente querem e que encontremos um caminho para que elas possam conversar e chegar a um acordo. Jesus vê no amor aos inimigos uma pressuposição para o estabelecimento da paz em nosso mundo: "Amai os vossos inimigos e orai por aqueles que vos perseguem, para que vos torneis filhos do vosso pai no céu; pois Ele faz com que o seu sol brilhe sobre os maus e os bons, e faz chover sobre os justos e os injustos" (Mt 5,44s.). A inimizade nasce sempre de uma projeção. Alguém não é capaz de suportar alguma coisa em si mesmo, a projeta em mim e a combate. Ora, se eu reagir com raiva, aceito a proposta de inimizade que o outro me fez. O amor pelos inimigos não significa que eu deixarei que os outros façam comigo o que bem entenderem. Esse amor significa que eu sou capaz de perceber a projeção. Vejo, naquele que me trata de modo tão inamistoso, o seu conflito interior, a sua incapacidade de viver em paz consigo mesmo. Na medida em que amo as pessoas que têm um conflito interior, interrompo o círculo vicioso da inimizade e crio um espaço no qual a paz pode surgir: a paz surge primeiro na pessoa que não consegue aceitar a si mesma, e depois ela surge entre nós.

No Talmude de Jerusalém pode-se ler o seguinte: "não há arma mais abençoada do que a paz". Essas palavras são paradoxais. A paz surge, como o Profeta Isaías prometeu, quando as espadas forem transformadas em arados (Is 2,4). Mas o Talmude diz que a paz é uma arma que tem muito poder, que ela pode produzir resultados. No entanto, a paz é uma arma abençoada, que abençoa e une os homens, em vez de os separar; ela protege a convivência em vez de a destruir. É preciso ter coragem para pôr em ação essa arma. Em uma conferência intitulada "Para uma teologia da paz", Karl Rahner diz que a arma do amor, que cria a paz, é uma coisa "louca". "O amor é mesmo algo de louco, de improvável; o amor não dá lucro, ele é aquela coisa que nos torna tolos e à qual nos entregamos totalmente. Portanto, é nele que a gente tem a coragem de agir para evitar as coisas ruins que acreditamos que podem acontecer: por exemplo, os problemas diante dos quais os nossos políticos sempre recuam intimidados." A paz verdadeira só acontece quando se segue esse caminho do amor.

HOSPITALIDADE

Presentes preciosos

A Antiguidade estimava a hospitalidade como uma virtude importante do ser humano: a hospitalidade garante um abrigo para os estrangeiros, ela estabelece relações entre povos. A Bíblia assume a alta estima que os gregos tinham pela hospitalidade. Isso fica claro, sobretudo, no Evangelho de Lucas. Nesse texto, Jesus é o peregrino divino que desceu do céu e muitas vezes conta com a hospitalidade das pessoas. Ele presenteia aqueles que o recebem com dádivas divinas, i. é, com a dádiva do seu amor aos homens e da sua sabedoria. Maria e Marta, as duas irmãs, mostram os dois aspectos da hospitalidade. Marta recebe amigavelmente a Jesus e a seus discípulos e cuida para que eles se refresquem e se revigorem com as coisas boas que há na casa. Maria, por outro lado, senta-se aos pés do hóspede para ouvir com atenção o que ele diz. Ao cuidarmos do estrangeiro, corremos o risco de sobrecarregá-lo. Por isso, a hospitalidade precisa também de um ouvido atento: o estrangeiro nos presenteia com palavras que não podemos dizer para nós mesmos. Os discípulos de Emaús, que convidaram Jesus a entrar na casa, são presenteados com a experiência do ressuscitado. Os seus olhos se dirigem para Ele e os seus corações ardem.

Abrigo para os anjos

"Não esqueças a hospitalidade. Algumas pessoas já hospedaram anjos sem o saber." Eis uma advertência aos primeiros cristãos presente na Carta aos Hebreus (Hb 13,2). O autor está pensando em Abraão, que foi visitado por três anjos. Os pintores de ícones entenderam que estes eram uma imagem do Deus trino e uno; e, por isso, os escolheram como motivo para seus ícones. Sem a hospitalidade o cristianismo dificilmente poderia ter se difundido tão rapidamente no mundo: os pregadores-peregrinos cristãos encontravam sempre casas hospitaleiras onde eram recebidos.

Os antigos judeus também conheciam o seu valor. A respeito da hospitalidade, o Talmude babilônico diz que ela tem exatamente o mesmo peso que o serviço religioso. Nos lugares onde a religião é algo de essencial para os homens, a hospitalidade sempre foi vista como um grande bem. E o valor de uma cultura revela-se na estima que ela tem pela hospitalidade.

Ela é necessária hoje justamente para criar uma ligação entre diversas culturas. Ela contribui para a desconstrução de preconceitos contra os estrangeiros e para o estabelecimento de uma comunidade. Sou grato por ter experimentado em meu lar o que é uma casa hospitaleira. Todas as pessoas eram bem-vindas para o meu pai. Nos anos de 1950 ele sempre convidava, no Natal, estudantes estrangeiros para que eles festejassem conosco. Os hóspedes sempre se sentiam muito estimados por ele. Ao despedir-se, um confrade argentino que não sabia uma palavra em alemão disse uma vez: "O seu pai faz com que a gente se sinta respeitado". Não se pode expressar de maneira mais bonita aquilo que a hospitalidade é capaz de fazer.

DESFRUTAR

Uma arte que deve ser aprendida

"Quem não é capaz de desfrutar torna-se insuportável", como diz um provérbio. A palavra alemã "desfrutar" deriva, na verdade, de "segurar, agarrar". A coisa que agarrei está à minha disposição. Posso usufruir dela. "Desfrutar" é, portanto, uma palavra que tem mais a ver com a utilidade do que com a alegria que uma coisa nos dá. Os latinos falam de "frui". Nessa palavra, expressa-se mais a alegria e o prazer que tenho com aquilo de que desfruto. Só aquele que tem tempo pode desfrutar. Uma pessoa assim se detém diante da vista maravilhosa do sol que se põe. Ela desfruta a vista desde o cume que escalou com esforço, e também o bom vinho ao sentir o seu sabor esvaindo-se em sua língua. Desfrutar exige tempo e também atenção. Estou totalmente envolvido naquilo que faço. Estou envolvido totalmente na contemplação ou na degustação. Quem só engole o alimento não o desfruta. Essa pessoa apenas sacia-se para ter outra vez força suficiente para o trabalho. Desfrutar é outra coisa. Ao desfrutar, eu percebo o que como ou bebo. Alegro-me ao fazê-lo. Desfrutar é algo que deve ser aprendido. É uma arte. E as pessoas que sabem desfrutar são sempre pessoas agradáveis. A vida reserva para elas alegria; e elas dão alegria para os outros também.

JUSTIÇA

Os justos são maiores que os anjos

Quem é justo em sua vida floresce. A Bíblia sempre louva os justos e os chama de bem-aventurados. No Salmo 92 pode-se ler o seguinte: "O justo prospera como a palmeira, ele cresce como os cedros do Líbano" (Sl 92,13). A vida de quem vive do jeito certo, em conformidade com a sua essência, rende bons frutos. Porém, a justiça não tem a ver apenas com o jeito certo de viver, mas também com as relações com as outras pessoas. É justo aquele que dá a cada um o que é seu; aquele que faz justiça aos outros. Tais pessoas justas emanam uma bênção para o seu entorno. O Livro dos Provérbios exprime isso da seguinte maneira: "O caminho dos justos é como a luz da manhã; ela vai se tornando cada vez mais clara ao longo do dia" (Pr 4,18). Muitas vezes, os provérbios contrapõem o justo aos malfeitores, aqueles que não se importam com o que é justo: "A recordação sobre o justo é abençoada, mas o nome do malfeitor está podre" (Pr 10,7). "A boca do justo é uma fonte de vida; na boca do malfeitor esconde-se a violência" (Pr 10,11). É evidente que a nossa vida só pode ser bem-sucedida quando fazemos justiça à nossa própria essência, que Deus nos destinou; quando fazemos o que é certo; quando vivemos do jeito certo, com honestidade, integridade e franqueza.

O Novo Testamento louva José, o marido de Maria, e diz que ele é justo. "José, o marido dela, que era justo e não queria repudiá-la, decidiu separar-se dela em silêncio total" (Mt 1,19). José reúne justiça e misericórdia. Ele não persiste no cumprimento dos mandamentos. Ele está mais preocupado em fazer justiça às pessoas. Ele não queria prejudicar e envergonhar a sua noiva grávida. É evidente que a justiça é a condição para que a convivência tenha sucesso. O filósofo grego Platão já louvava a justiça. Para ele, ela era a virtude central. Ela consiste em que o homem faça justiça às capacidades de sua alma, que ele alcance um bom equilíbrio entre os diferentes domínios de sua alma. E a justiça é a arte de dar a cada um o que é seu. É desse modo que a paz surge na sociedade. A justiça é extremamente necessária para que a nossa vida dê certo, para que ela seja bem-sucedida. Jesus louva os bem-aventurados "que estão famintos e sedentos por justiça, pois eles serão saciados" (Mt 5,6). O Talmude babilônico exprime o grande valor do homem justo em uma imagem: "Os justos são maiores que os anjos". Não há nada de mais elevado que se possa pensar sobre a justiça.

SAÚDE

O melhor remédio é um bom coração

Todos sabem que a saúde é necessária para bem viver. No entanto, para muitas pessoas, ela é um substituto da religião. Muitas vezes, ela é vista como o bem supremo, absoluto. Todos os esforços visam, então, a viver do modo mais saudável possível. Mas quem transforma a saúde em uma religião vai perdê-la. Os médicos gregos sabiam que a saúde é um resultado de outros valores: quem vive de acordo com sua natureza vive saudável. Entretanto, a natureza do homem envolve também que vejamos como valor supremo algo que está além de nós mesmos, i. é, Deus. Por isso, para a medicina antiga, a religião é um importante caminho para a saúde. Mas mesmo quando a gente anda por todos os caminhos saudáveis (condução saudável da vida, alimentação saudável, atitude saudável, espiritualidade saudável), não há uma garantia para a saúde. Ela não é um bem que nos cabe de direito. Ela é sempre um presente. E nossa vida sempre pode ser atravessada por doença e pela experiência da fraqueza e do desamparo. O Talmude babilônico já sabia que quem só se preocupa com a sua saúde vai perdê-la logo: "A preocupação mata os homens mais fortes". Inversamente, a Bíblia diz: "Um coração alegre é um bom remédio" (Pr 11,12).

As dietas obsessivas e a obsessão por felicidade

"O cuidado contínuo com a saúde é também uma doença", diz o filósofo grego Platão. Algumas pessoas buscam em cursos e livros a alimentação correta, o modo saudável de viver. É bom que apreciemos a nossa saúde como um grande bem e que reflitamos sobre o que nos faz bem. Mas, de acordo com Platão, a gente poderia dizer também que o esforço contínuo pela felicidade é uma infelicidade. O médico e terapeuta Manfred Lütz escreveu um livro atual e mordaz sobre o assunto. O livro trata da incapacidade de encontrar satisfação na vida que provém da busca exagerada por essa satisfação e tem o provocador subtítulo "Contra os sádicos da dieta, a mania de saúde e o culto do *Fit-*

ness". É claro que ele fala muito sobre a alma enquanto ridiculariza o culto exagerado do próprio corpo: "Todos os profetas do corpo e apóstolos da saúde são muito divertidos, prometem uma satisfação sem fim e diversão ilimitada. Prometem uma barriga 'tanquinho', zumbis de pele tostada e *lifting* para as titias. Eu estou protestando em nome do prazer de viver!" A busca ininterrupta por satisfação traz apenas decepção. A preocupação com a saúde, a busca pela felicidade, o anseio pela alegria deve sempre acontecer na medida certa. E eu devo sempre contar com a possibilidade de encontrar, em minha busca pela saúde, a doença; em minha busca pela felicidade, a infelicidade; em minha busca pela alegria, a tristeza. Somente quando eu considero ambos os polos, a minha busca pela felicidade pode ter sucesso.

A doença pode ser uma oportunidade

Para os gregos, a tarefa mais importante do médico não era curar as doenças, mas ensinar a arte da vida saudável. A Igreja, em seus inícios, assumiu esta tarefa; e ela entendeu o caminho da espiritualidade como um caminho para uma vida saudável: a ascese visa à saúde, e as festas existem para que as pessoas se revigorem. Segundo C.G. Jung, o ano litúrgico é um sistema terapêutico. Ao longo do ano, ele celebra festas nas quais se exprimem os temas mais importantes da alma humana. Mas a espiritualidade cristã sempre soube que a doença e o sofrimento pertencem à vida humana. De acordo com ela, ficar doente não significava nenhum fracasso no caminho da espiritualidade. A doença era vista sim como uma oportunidade para abrir-se ainda mais para Deus e para a sua própria verdade. Ainda que eu me alimente de modo saudável e pratique esportes, ainda que eu exercite uma espiritualidade saudável, eu posso ficar doente. A doença aparece de repente, ela se impõe a mim vinda de fora. E a arte de que falei consiste em abrir-se, em razão da doença, para o mistério profundo de todo o ser; ela consiste em tirar todas as máscaras e em entrar em contato com o nosso Eu verdadeiro e genuíno.

O ANSEIO PELA FELICIDADE

A causa da infelicidade

Todas as pessoas desejam ser felizes. No entanto, quanto mais elas se empenham em ser felizes sob todas as circunstâncias, menos elas se tornam felizes. O sábio chinês Chuang Tzu já sabia disso. Eis o que ele disse: "A felicidade é a ausência do anseio pela felicidade". Sou feliz no instante no qual entro em uníssono comigo, no qual posso esquecer a mim mesmo. Nesse momento, não anseio por nada. Eu simplesmente existo. Fico livre de tudo o que me pressiona a conseguir alguma coisa. Hoje existem muitos livros sobre a felicidade. Ao mesmo tempo temos a impressão de que as pessoas nunca foram tão infelizes quanto em nossa época. O filósofo social americano Eric Hoffer aproxima-se bastante do antigo sábio chinês ao dizer que a causa dessa situação encontra-se precisamente na busca exagerada pela felicidade: "A busca pela felicidade é uma das causas principais da infelicidade". Muitos acham que a felicidade é algo que a gente pode fazer ou encontrar em algum lugar, em uma boa viagem, num fim de semana especial ou no esporte. No entanto, não devemos buscar a felicidade em algum lugar fora de nós mesmos. Ela já está em nós. Só devemos olhar para dentro e descobrir a riqueza de nossa alma. Ela está em nós quando dizemos sim para nós mesmos, quando temos gratidão por nossa vida e pelas milhares de pequenas coisas que ganhamos de presente todos os dias.

GENEROSIDADE

Um coração estreito e um coração largo

A sabedoria judia diz, a respeito dos avaros, o seguinte: "O avaro não é senhor de sua riqueza, mas a sua riqueza é o senhor do avaro". Ao contrário, chamamos de generosa aquela pessoa que é livre, que gosta de compartilhar, que não controla de forma mesquinha aquilo que tem, mas divide o que é seu com os outros. A palavra "generoso" significa, originalmente, que alguém tem vocação para grandes coisas e que é ágil ou rápido ao fazê-las; ela significa que alguém faz e compartilha coisas grandes sem precisar refletir muito. Sentimo-nos bem junto de pessoas generosas. O nosso coração se alarga. Ao contrário, os avaros nos fazem sentir um sabor amargo. Junto deles, o nosso coração se estreita. Uma pessoa é avara quando ela controla exageradamente os seus gastos. No entanto, a palavra avareza deriva, originalmente, de cobiça. O avaro cobiça a riqueza. Um caminho para a riqueza consiste em não abrir mão de nada, mas guardar tudo para si. Entretanto, o avaro não é capaz de satisfazer-se com o que ele possui. Ele precisa até mesmo esconder o que tem, por medo de que os outros se tornem invejosos e tomem a sua riqueza.

O orador grego Demócrito diz, a respeito do avaro, o seguinte: "Os avaros são comparáveis às abelhas. Eles trabalham como se fossem viver eternamente". Em razão do trabalho intenso, o avaro se esquece de aproveitar o que tem. Ele não é capaz nem de aproveitar o que é seu, nem de dividi-lo com os outros. Eu só posso alegrar-me realmente com o que possuo se o divido com os outros. Quando como sozinho, sinto uma alegria menor do que quando estou junto dos outros e divido com eles coisas boas. O avaro só sabe trabalhar e economizar. E esquece a vida. A avareza estreita o coração. O sincero, ao contrário, tem um coração largo. E quer dividir o seu grande coração com os outros e abri-lo para eles. Uma vez que o coração é mais importante para ele do que as muitas coisas que possui, ele pode distribuí-las. E muitas pessoas têm lugar em seu coração, onde elas encontram amor, aconchego e consolação.

TERRA NATAL

A morada do mistério

O homem precisa de uma terra natal para viver saudável. Em "terra natal" (*Heimat*) encontra-se a palavra "lar" (*Heim*). Terra natal é o lugar onde moro, onde tenho um lar. Outra palavra que deriva de "lar" (*Heim*) é "mistério" (*Geheimnis*). Uma pessoa só pode estar em casa no lugar onde mora o mistério, onde está alguma coisa que me supera. A terra natal é mais do que a lembrança de algo antigo ou do aconchego da infância. Ela nos toca porque nos faz lembrar de algo que nos fascinou antes, que elevou o nosso coração, que jorrou do céu sobre nós. Hoje, muitas pessoas sentem-se sem uma terra natal; muitos estão desabrigados e desenraizados. Outros sentem profunda saudade de seu país. Devemos buscar a nossa terra natal no lugar onde ela verdadeiramente se encontra, i. é, no próprio coração, o lugar em nós onde o mistério de Deus mora. Quando somos capazes de sentir que somos um lar para nós mesmos, podemos ver no lugar em que moramos uma terra natal.

Feliz aquele que tem uma terra natal

Um midraxe judeu diz o seguinte: "É melhor morrer do que ser expulso de sua terra". Os judeus sabiam o que significa a terra natal. Como estavam espalhados pelo mundo, era mais importante para eles saber o que é a sua terra.

Friedrich Nietzsche sabia também o que significa não ter uma terra natal. Eis a primeira estrofe de seu poema "Sozinho":

>As gralhas gritam
>
>E dirigem-se em voo sibilante para a cidade:
>
>Logo irá nevar –
>
>Feliz aquele que ainda tem uma terra natal!

A última estrofe repete as linhas da primeira, mas ela termina com uma exclamação de inquietude:

> Pobre daquele que não tem uma terra natal!

Para Nietzsche, somente quem tem uma terra natal é capaz de resistir à "peregrinação do inverno". Com a imagem da peregrinação de inverno, ele exprime o sentimento que temos hoje em relação à nossa vida: o sentimento de que estamos fora de casa, a caminho de algum lugar. Não se trata da peregrinação alegre do Romantismo, mas de uma peregrinação em uma paisagem de inverno, sob um frio glacial. Os sentimentos estão como que congelados. Nada mais floresce em nossa vida. Por isso, é necessária a experiência da pátria interior para poder resistir à frieza de nosso mundo.

ZELO

A palavra mais bela

"Ajudar" é a palavra mais bonita do mundo; é uma palavra mais bonita até do que "amar". Eis o que disse a escritora austríaca e ganhadora do Prêmio Nobel da Paz Berta von Suttner. Ajudar o outro, apoiá-lo, ficar ao seu lado, eis o que revela uma genuína humanidade. Marion Wright Edelmann vai ainda mais longe: "O zelo é o aluguel que pagamos por nossa existência. Ele é o objetivo supremo da vida. Não devemos confundi-lo com um mero passatempo". Todos concordam que devemos amar uns aos outros. Mas o amor permanece muitas vezes na intenção, e não se exprime na convivência concreta. A ajuda é a concretização do amor. Muitas vezes, ela não é espetacular e se exprime nas pequenas ações do cotidiano que parecem sem importância, mas podem ser uma importante ajuda para o outro. A feminista e escritora inglesa do século XIX Harriet Martineau exige também que as nossas concepções idealizadas sobre o amor sejam concretizadas: "Uma alma ocupada com ideias grandiosas só pode cumprir, no máximo, tarefas pequenas". De modo semelhante, o poeta William Blake formula: "Fazer o que é bom significa fazê-lo concretamente, em um minuto determinado. O bem em geral é uma saída para os tolos e os canalhas". Corremos sempre o risco de entrar em discussões sobre o bem e sobre o amor. Mas a gente sempre acha difícil agir do jeito certo. Por que não aproveitar a primeira oportunidade que aparecer? "Não há nada que seja bom a não ser que o realizemos!" (Erich Kästner).

Ajude as pessoas!

Atualmente, as pessoas mais espiritualizadas buscam, com frequência, experiências religiosas especialmente intensas. Elas anseiam pela iluminação. Quando Ram Dass, um psicólogo americano que segue o caminho budista, perguntou ao seu mestre sobre como ele poderia encontrar a iluminação, ele respondeu apenas o seguinte: "Ajude as pessoas!" Para Ram Dass, essa resposta foi uma grande decepção. Ela soa tão profana. Ele imaginara exercícios espirituais que o fariam alcançar a iluminação. Mas o mestre chamou a sua atenção para o cotidiano. Jesus fez algo de semelhante com algumas palavras provocadoras. Ele conta a parábola de um escravo que faz o que se espera dele, sem esperar nenhum salário especial: "Eis como vós deveis agir:

quando tiverdes feito tudo o que vos foi ordenado, deveis dizer: 'somos escravos inúteis; cumprimos apenas a nossa obrigação'" (Lc 17,10). Muitos se irritam com essas palavras. Mas elas correspondem à sabedoria de muitos povos. Os chineses dizem: "Tao é o que é habitual". A espiritualidade significa fazer o que eu tenho o dever de fazer, em relação a mim, ao outro e ao momento concreto. A espiritualidade não significa elevar-se acima dos outros ou querer algo de especial para alcançarmos uma boa posição; ela significa envolver-se com as coisas habituais do cotidiano. Trata-se, portanto, de ajudar aquele a quem devo ajuda, i. é, aquele que precisa de ajuda. Mahatma Gandhi entende a espiritualidade dessa maneira também. Ele mandou que escrevessem sobre a sua lápide as seguintes palavras: "Pense na pessoa mais pobre que tu jamais encontraste, e reflita sobre se o teu próximo ato será útil para ela".

ESPERANÇA

Tudo se torna melhor

A esperança não é um sentimento passageiro. O filósofo judeu Walter Benjamin diz: "A esperança nos foi dada para o bem dos desesperançados". Hoje há muitos desesperançados. Eles perderam a esperança em um futuro melhor. Quase sempre eles abriram mão da esperança em relação a si mesmos. Para Dante, quem deixa para lá a esperança, já está no inferno. A esperança nos anuncia o futuro.

Ela nos mostra que a vida tem valor. Ela nos estimula em nosso caminho. E nos fortalece. Amplia o coração. A esperança diz respeito sempre, em última instância, a uma pessoa: eu tenho esperança de algo para você e de algo para mim. Eu espero que tudo dê certo para mim, e espero que a sua vida possa ser bem-sucedida, que você continue a crescer interiormente e se torne cada vez mais aquilo que Deus quis que você seja.

Chamado da alma

Friedrich Hölderlin, o poeta que considero o mais importante entre os grandes poetas alemães, achava que a fonte da esperança está na santidade de sua alma: "Ocorreu-me muitas vezes fazer a experiência de um chamado que vem da santidade de nossa alma e pode nos alegrar, quando estamos aflitos, e presentear-nos com uma nova vida e uma nova esperança".

A esperança fala conosco em nossa alma. Ela não desiste. Espera por um futuro melhor, apesar das circunstâncias adversas. Eu confio em que você terá um futuro melhor, ainda que você esteja tendo dificuldades agora. Eu espero que a minha vida tenha sucesso, apesar da doença e da crise pela qual estou passando.

Tudo será melhor

"A esperança é sempre acompanhada por esforços; quando não há esforços, trata-se apenas de desejos vazios" (Ibn Ata Allah). A esperança não é, portanto, apenas uma atitude interior. Ela quer concretizar-se na ação. A esperança estimulou os primeiros cristãos a espalhar-se por todo o mundo e divulgar a boa-nova do Evangelho. A esperança instigou as pessoas a lutar por um futuro melhor da sociedade. A esperança sempre vai além do que vemos. Ela acredita em algo que ainda não é visível. Ernst Bloch escreveu uma filosofia da esperança e inspirou com ela uma geração inteira, desde o começo: "O Princípio Esperança". Nesse projeto ele descreve como as pessoas se dirigem, em tudo o que elas fazem, para o que se encontra além do momento presente. Tudo é um prenúncio daquilo que todos esperamos: prenúncio de uma vida plena, prenúncio do bem supremo pelo qual todos esperamos. Ernst Bloch cita em sua obra a utopia de Agostinho, a *Civitas Dei*, a Cidade de Deus. Segundo Agostinho, o sétimo dia da criação ainda não chegou: "No sétimo dia seremos nós mesmos" (*Dies septimus nos ipsi erimus*). Nesse dia, Deus vai realizar em nós tudo o que Ele pensou fazer conosco. Nesse dia, a nossa verdadeira essência será revelada. Nesse dia, tudo o que está em nós se tornará bom. Tudo será melhor.

CORTESIA

A proteção de que precisamos

Durante muito tempo a cortesia foi criticada como uma atitude burguesa ou uma virtude secundária. A geração de 1968 libertou-se da cortesia para a qual fora educada e, quem sabe, para a qual ela fora adestrada. No entanto, um pouco depois do "ato de libertação", reconheceu-se como a expressão irrestrita de interesses e agressividade impede que as pessoas vivam bem. As formas também são importantes para uma boa convivência. Para a sabedoria judia, a cortesia é mesmo uma maneira de colocar em prática a Torá. Eis o que diz um midraxe: "O bom comportamento é tão importante que ele deve ser considerado de mesmo valor que o conhecimento da Torá". Pode-se discutir sobre a Torá e sobre a sua sabedoria. Mas, onde não há cortesia, resta pouco ou nada do espírito da Torá. Nessa situação não é possível falar sobre a Torá.

Pode-se reconhecer o valor da cortesia no nível psicológico, como o faz o filósofo francês Joseph Joubert: "A cortesia encobre o lado rude de nosso caráter e impede que os outros sejam ofendidos por ele. Não se deve nunca deixá-la de lado, mesmo quando lutamos contra pessoas grosseiras". Assim, a cortesia nos protege da grosseria do outro e de nossa própria dureza. Precisamos dessa proteção. Pois é sufocante estar sujeito sem proteção às agressões dos outros. Quando estamos sujeitos a essas agressões, é como se fôssemos corroídos por dentro. A cortesia é a confissão de que todos precisamos de proteção. Ela indica que existe, no comportamento exterior, algo de elementar que aproxima as pessoas.

O sorriso pode espantar o ódio

Um ditado indiano diz: "Você sorri, eu sorrio; nós dois estamos felizes, mas lá no fundo nos odiamos. Não mostremos o que sentimos realmente um pelo outro. Continuemos a sorrir até que espantemos o ódio com nossos sorrisos". À primeira vista, ele pode parecer estranho. Atualmente, somos mais capazes de perceber a harmonia e a autenticidade. Não devemos fingir. A cortesia não é fingimento. Ela sabe como as pessoas são vulneráveis; e ela conhece também o sentimento de ódio que temos em nós. Para proteger a nós mesmos e aos outros desse sentimento somos corteses. Porém, esperamos que a cortesia supere o ódio, esperamos que ela não permaneça mera fachada, mas ultrapasse os impedimentos de uma convivência humana e nos faça sorrir uns para os outros de tal maneira que nos faça entrar em contato com uma alegria interior e expulse todos os sentimentos negativos.

LUTA

O esforço pela vida

A palavra "lutar" não soa bem atualmente. Pensamos logo em inimigos que se combatem mutuamente; pensamos em soldados que devem lutar. E mesmo no domínio pessoal, preferimos hoje o método suave de relacionar-se consigo mesmo. É preciso alcançar a harmonia. Devemos nos sentir bem. Mas, quando damos uma olhada na Bíblia ou nos escritos dos primeiros Padres da Igreja, a palavra "luta" ou *militia* (ação militar) é amplamente difundida. Os primeiros monges estavam convencidos de que nossa vida só pode ter sucesso quando assumimos a luta contra os demônios, contra os pensamentos e paixões que querem desviar-nos da vida. Nesse contexto, lutar não significa aniquilar as paixões, mas combatê-las para tornar-se mais forte graças a essa luta. Durante a luta devemos aprender com as paixões; devemos usar de acordo com nossos objetivos a força que se encontra nelas. Mas os monges estão convencidos de que, sem luta, a vida não pode ter sucesso. Quando não lutamos, somos dominados por nossa disposição de humor e nosso estado de espírito momentâneo, ou somos lançados de um lado para o outro pelas correntes da sociedade. Somente quem assume a luta contra tudo o que o atrapalha em sua vida ganhará a vida.

Quem luta sabe que poderá ser ferido. Tive contato com um rapaz que nunca lutou. Quando encontrava dificuldades na escola ou, mais tarde, no ensino técnico, ele desistia e não se dava ao trabalho. Sua mãe tirou todas as pedras de seu caminho. No entanto, aos vinte e cinco anos, ele teve de admitir que a sua vida estava se escoando. Ele nunca lutou porque tinha medo de ser ferido. Eu lhe apresentei duas alternativas: ele pode permanecer no ninho e contemplar de fora a vida e lamentar-se de que ela se escoa. Ou ele pode ousar lutar, ainda que se machuque.

A luta genuína tem sempre por objetivo a vida. Lutamos pela vida. O mal pode espalhar-se cada vez mais em razão do fato de que poucas pessoas estão dispostas hoje a lutar pelo que é certo. Nosso mundo precisa da luta pelo bem. Não é suficiente ter convicções sobre o que é certo. Nós devemos também empregar todas as nossas forças para lutar pelo bem e pelas pessoas. Nossa sociedade precisa de pessoas que lutem dessa maneira; ela não precisa de militantes que sempre precisam lutar contra alguma coisa. Ela precisa de pessoas que se empenhem pelas pessoas e que lutem pela vida.

LENTIDÃO

Aprenda com a lesma

"A descoberta da lentidão", de Stan Nadolny, tornou-se em pouco tempo um livro *cult*. Contra a pressa e a agitação cada vez maiores, ele é a favor da lentidão enquanto força contrária. É que o homem lento aproveita mais a vida. E é assim que pensa Günter Grass, quando escreve: "Fique saturado das coisas, mas não se sacie. Aprenda com a lesma: aproveite o tempo". Quem usa a lentidão não experimenta o tempo como um adversário que deve ser bem administrado e, assim, dominado do melhor modo possível. Essa pessoa vivencia o tempo como um presente. Ela pode desfrutar dele. Mas quem dá um lugar absoluto para a lentidão não consegue mais entrar em sintonia com o tempo. E, por isso, vai perder o seu emprego. Enfim, a lentidão e a rapidez são necessárias. É necessária a lentidão, i. é, a desaceleração do tempo que se dá, por exemplo, no silêncio, na meditação, na liturgia e no contato mais pessoal com outras pessoas; e é necessário, ao mesmo tempo, o momento em que o trabalho acontece rapidamente, em que ele simplesmente jorra de mim, veloz e eficaz. A tensão entre o tempo que passa devagar e o tempo que passa rápido nos mantém vivos e nos coloca em um equilíbrio interior. Quando damos um lugar absoluto para um dos polos, ou bem nos colocamos sob uma pressão contínua, por falta de tempo (quando valorizamos demais a velocidade); ou bem perdemos a tensão interior (quando valorizamos demais a lentidão).

Quanto maior a pressa, mais devagar encontramos uma solução para os problemas

"Se fôssemos mais tranquilos, mais lentos, nossas questões se resolveriam melhor e mais rápido." Robert Walser, o poeta dos sons suaves que, no fim da vida, retirou-se do mundo e passou os seus últimos anos em uma instituição psiquiátrica, observa com muita perspicácia o caráter doentio de nosso mundo cotidiano: quanto maior a pressa com que agimos, mais devagar encontramos uma solução para nossos problemas. Para que uma pessoa possa realmente resolver um problema é preciso ter distância interior. Somente quem está tranquilo consigo mesmo é suficientemente criativo para gerar algo de novo. Quem apenas anda, inquieto, em torno dos problemas, torna-se cego para as oportunidades. Ele anda em círculos e não vê saída. Ao contrário, quem se senta com toda a serenidade e considera as coisas a partir de sua distância interior é capaz de intervir de modo mais efetivo. Queremos fazer tudo cada vez mais rápido. E devemos aprender novamente que precisamos de tranquilidade interior para fazer as coisas com serenidade, a partir de nosso centro criativo.

O presente puro

"A maioria das pessoas procura com tanta pressa o prazer que acaba passando por ele sem o encontrar." Esse é o diagnóstico de Søren Kierkegaard, que descreve desse modo a pressa que conduz ao vazio. Ir rápido demais pode impedir que vivamos bem. Ao agir com muita pressa, perdemos a capacidade de termos presença de espírito no momento e gozar o que vivenciamos nele. Em meus cursos, às vezes exercito conscientemente a lentidão com os participantes. Eu digo para as pessoas andarem bem devagar em um espaço, como se carregassem uma taça. Elas devem imaginar que estão carregando algo de muito precioso em sua taça, algo que elas não gostariam de deixar escorrer. E elas vão andando desse modo; e vivenciam plenamente o mistério nesse momento. Esse exercício simples torna-se para algumas pessoas uma experiência do presente puro. E quando elas estão totalmente no momento presente, elas vivenciam a vida em toda a sua intensidade. Elas vivenciam que a sua vida é boa.

LEITURA

Um mergulho em outros mundos

A leitura não é uma virtude. Mas ela faz parte de uma vida boa. Na leitura eu mergulho em outro mundo. Para muitos, a leitura é um lugar para retirar-se, onde ninguém as perturba e elas experimentam um mundo que lhes faz bem. Não é o mundo da utilidade e da serventia, mas um mundo no qual a alma ganha asas e se alimenta. Na leitura entro em contato com outras pessoas: com o autor, seus pensamentos e sentimentos, e também com muitas outras pessoas, aquelas sobre as quais ele escreve. E na leitura encontro a mim mesmo: ao ler, entendo melhor a minha própria vida. E a vejo em um contexto maior. A palavra alemã *lesen* (ler) remonta a uma raiz que significa "juntar, ajuntar, reunir o que está espalhado". Não lemos apenas os livros, mas também as espigas e os cachos de uvas durante a colheita. Na leitura, reunimos os diferentes aspectos da vida humana. É como uma colheita. Eu colho os pensamentos de outras pessoas e de épocas anteriores para alimentar-me deles. Quem lê muito torna-se lido. E conhece bem a vida. Ele é culto, pois se confrontou com outras experiências.

A leitura é, em si mesma, um ato salutar. Nela mergulhamos em um outro mundo. E ela nos liberta do mundo que muitas vezes nos aflige e ameaça. Ela torna relativas a dureza, a estreiteza e a falta de compaixão que eventualmente nos cercam. Enquanto leio, entro em contato também comigo mesmo, e isso já é algo de muito valor, mesmo quando eu não retenho muito do que li. No momento da leitura, entretanto, eu sou outro. Aí eu estou mais próximo de mim mesmo do que em outras situações. E quanto mais eu me aproximo de mim mesmo, maior é o sucesso da minha vida.

Os livros são amigos

Um ditado da sabedoria judia diz: "Transforme os teus livros em amigos". Quando as coisas vão mal, eu pego um livro que me consolou em outra ocasião. Ele se torna então um amigo que abre para mim um horizonte maior, a partir do qual posso considerar meus problemas de outro modo. Um ditado oriental exprime uma compreensão semelhante: "Um quarto sem livros é como uma casa sem janelas". Uma casa sem janelas é desanimadora. Os livros trazem luz para nossa vida. E eles revelam para nós uma vista ampla. Uma pessoa que pode olhar através de uma janela nunca achará que a sua casa é pequena demais. Ao contrário, a sua casa é um abrigo em meio ao infinito do mundo, no qual ele pode abrigar-se; ela não é um esconderijo.

Numa casa que tem muitas janelas, a gente vive na tensão entre a estreiteza e a amplidão, entre a distância e a proximidade, entre a proteção da casa e o desejo de conhecer novos lugares. Ao ler, viajamos sem pôr os pés fora de casa. Ganhamos experiência ao entrar em contato com muitas pessoas e as suas concepções sobre a vida.

Um livro que faz milagres

Ingeborg Bachmann escreve em *Malina* sobre o seu desejo por um livro que inclua o que é maravilhoso no mundo; o seu desejo por um livro cheio de luz e alegria de viver. Ela gostaria de escrever esse livro ou, melhor dizendo, ela quer encontrar as palavras desse livro. É evidente que a poetisa fala de sua própria poesia. O seu objetivo era escrever um livro que abrisse os olhos das pessoas e desse a elas uma nova alegria de viver: "Um rugido começa em minha cabeça e, então, uma luz, algumas sílabas vibram, e vírgulas coloridas voam saindo de todas as caixinhas, e os pontos, que eram negros, pairam arrogantemente até os balões no teto de meu cérebro, pois no livro que é magnífico e que eu começo a encontrar tudo será como um *Exsultate, Jubila-*

te... Ouça, ouça com atenção! Olhe, olhe com atenção! Li algo de maravilhoso, eu quero lê-lo em voz alta para vocês, aproximem-se; é muito maravilhoso!"

Achamos que os livros existem para aumentar o nosso saber. Ingeborg Bachmann tem outra opinião: o livro que ela quer encontrar produzirá espanto nas pessoas sobre as coisas maravilhosas que existem. O livro faz milagres para a pessoa que o lê. Ele a enfeitiça e a conduz a outro mundo, no qual ela encontra um novo prazer na vida: alegria e gratidão pelas coisas maravilhosas que estão no livro e que ela pode descobrir em si mesma graças a ele.

AMOR

Tocado e enfeitiçado pelo amor

Em todos nós se encontra o anseio de amar e de sermos amados. Todos já foram alguma vez tocados e enfeitiçados pelo amor. No entanto, muitos se sentiram feridos porque o seu amor não foi retribuído ou porque misturaram agressividade e frieza ao amor. Gostaria de restringir-me a algumas frases sábias que permitem entrever aspectos desse grande mistério do amor. Elie Wiesel, sobrevivente dos campos de concentração, disse o seguinte: "O oposto do amor não é o ódio, mas a indiferença". O ódio é muitas vezes uma reação ao amor que não é retribuído. Só odeio uma pessoa quando ela é importante para mim. O ódio é um sentimento tão violento quanto o amor, e ele pode ser transformado em amor. O oposto genuíno do amor é a indiferença, i. é, quando eu me fecho, não deixo ninguém se aproximar e sou frio e insensível. Afasto o amor e recuso-me a amar outra pessoa. A pessoa indiferente torna-se interiormente pobre e vazia.

O caminho para a felicidade

Thomas Merton escreveu o que se segue: "O amor só pode ser preservado na medida em que a gente dá amor. A felicidade que buscamos apenas para nós não se encontra em nenhuma parte, pois a felicidade que diminui, quando a dividimos com os outros, não é suficientemente grande para nos fazer felizes". Muitas pessoas buscam a felicidade no amor. Elas são felizes quando se sentem amadas. Mas o amor não pode ser agarrado. Ele só fluirá em mim quando eu o der de presente, não apenas para a pessoa que me ama, mas também para outras pessoas. Caso contrário, ele se transforma em um egoísmo a dois, em uma simbiose que, em algum momento, sufocará a vida. O amor que é dividido com muitas pessoas é o caminho para a felicidade.

Acho muito bonita a imagem segundo a qual a felicidade que não pode ser dividida com os outros é pequena demais para nos tornar realmente felizes. O amor pressupõe um coração largo. E a felicidade não cabe em um lugar estreito, mas sim na amplidão e na liberdade. A felicidade que eu quero agarrar com a mão foge de mim. A felicidade quer ser dividida. Somente assim ela pode durar.

Tempo para o amor

"Um coração que ama é sempre jovem", eis o que diz um ditado grego. Quando o amor emana de um idoso, temos a impressão de que ele é vivo e viçoso. O amor nos mantém jovens, mas não posso amar em meio ao caos do cotidiano. O amor precisa de tempo. Ele quer ser entrevisto. Quando duas pessoas que se amam estão juntas, elas não se precipitam em uma atividade frenética. Elas precisam de tempo para dar atenção ao amor, para experimentá-lo em seu coração. Christa Wolf escreveu o seguinte: "O ócio é de todo amor o começo". Assim, ela corrige as palavras bíblicas sobre o ócio segundo as quais ele é o começo de todos os vícios. É claro que ela e a Bíblia entendem o ócio de modo diferente. Ela aproxima-se do ideal romano de ócio, *otium*, que os romanos consideravam ser o bem supremo. Eles não encontraram palavra adequada para significar o trabalho; por isso, eles usaram a negação de *otium*, que é *negotium*. E usaram a palavra *labor* para significar "fadiga, flagelo". O ócio é o lugar para ganhar fôlego, é o lugar da liberdade. Nele o amor pode crescer.

Um coração alegre

Madre Teresa tocou os corações de muitas pessoas ao redor do mundo. Muita gente se perguntou: de onde é que essa pequena mulher tira a sua força, o seu entusiasmo e a sua alegria, se ela tem um contato tão estreito com o sofrimento todos os dias? Ela mesma respondeu: "Um coração alegre só surge, normalmente, a partir de um coração que arde de amor". O seu coração estava sempre alegre porque ele ardia de amor. O amor não é somente um postulado moral. Quando nos forçamos a amar, sentimo-nos sobrecarregados. O amor que toma conta de nós faz o coração arder. Ele é uma força divina, um calor que nos aquece e inflama. O amor e a alegria têm em comum o fato de abrirem o coração e o tornarem mais largo. Somente em um coração largo a alegria pode entrar. É que a alegria sempre precisa de um espaço amplo para poder desenvolver-se.

O amém do universo

Às vezes, nós entrevemos em nós um amor que flui para todas as coisas. Nesse amor, sentimo-nos em harmonia com todas as coisas. Novalis tinha essa experiência em mente, quando disse: "O amor é o amém do universo". O amor preenche todo o universo. O amor flui de uma flor bonita para nós. Ele vem ao nosso encontro na beleza das montanhas. São João da Cruz dirige-se às montanhas por meio das palavras: "minhas amadas". Em sua opinião, as montanhas eram amor condensado. Amém significa afirmação. No amor, o universo mesmo se afirma. E, no amor, o universo diz sim para nós, homens. Uma pessoa que se entrega à mãe terra deitando-se sobre um prado florido de primavera sente esse amém do universo. Essa pessoa sente-se atravessada e cercada pelo amor. O sol enche-a de amor; o vento acaricia afetuosamente as suas bochechas. E o amor torna audíveis para ela todos os sons da natureza.

ELOGIO

As palavras criam realidade

Saber elogiar é uma arte. É que existe também um tipo de elogio que não é bom para as pessoas. Eis o que diz sobre o assunto o filósofo e poeta judeu Schlomo Ibn Gewirol: "Desconfie de quem atribui qualidades a você que você não tem". Quando o elogio se torna um fim em si mesmo ou quando o outro quer apenas bajular-me com o seu elogio, ele não me faz bem. Quando alguém elogia algo em mim que eu não percebo, é porque essa pessoa tem outros objetivos em mente. O seu elogio pode me atrapalhar.

Na língua alemã, elogiar (*Loben*) relaciona-se com amar (*Lieben*). *Liob* é a raiz comum. Uma outra palavra que é derivada dessa mesma raiz é crer (*glauben*). Crer significa ver o que é bom no homem. O elogio indica o que é bom e fala sobre ele. No amor, relaciono-me bem com o outro; eu trato as coisas boas que vejo no outro de uma boa maneira. E o elogio é, em suma, o amor expresso em palavras. Quando indico o que é bom, ele se torna mais forte. Quando elogio uma pessoa e digo o que ela tem de bom, possibilito que essa pessoa acredite nele. O elogio contribui para as coisas boas que ele indica, e faz com que elas se tornem realidade. As palavras criam realidade. Sentimo-nos melhor nos lugares onde se elogia do que nos lugares onde apenas se xinga. O ganhador do Prêmio Nobel de Literatura Sinclair Lewis disse uma vez que o esnobe critica tudo à sua volta e que o elogio, ao contrário, é a saúde tornada audível. Uma pessoa que louva

Deus por sua vida torna a sua saúde visível para as pessoas ao seu redor. E algo que transmite saúde emana dela. Dizer coisas boas faz bem ao corpo e à alma.

Não dê ouvidos nem aos elogios, nem às críticas

Makarios, monge do século IV, mandou certa vez um rapaz, que ansiava por uma vida feliz, a um cemitério. Lá, ele deveria elogiar os mortos durante uma hora, e depois xingá-los durante uma hora. Os mortos, evidentemente, não reagiram nem aos elogios, nem às críticas. E Makarios tirou então a seguinte conclusão: "Faça como os mortos. Não dê ouvidos nem aos elogios, nem às críticas. Assim, a sua vida será feliz". Enquanto nos importamos com os elogios das outras pessoas, tornamo-nos dependentes delas. Não vivemos, mas somos vividos. Por isso, o desenvolvimento pessoal requer que não nos definamos a partir dos elogios e das críticas dos outros, mas a partir de Deus. Somente quem busca apoio em Deus saberá lidar corretamente com os elogios e as críticas.

Ibn Ata Allah nos aconselha sobre como devemos reagir aos elogios dos outros: "As pessoas te elogiam por alguma coisa que elas acreditam ver em você. Mas você se critica porque você sabe o que você tem". Não devemos nos elogiar, mas sim nos criticar, para que continuemos a trabalhar em nós e não queiramos diminuir os outros. "Um estranho pode te elogiar, mas não a tua própria boca" (Pr 24,2). E o Talmude babilônico nos diz como e quando devemos elogiar os outros: "Na frente de uma pessoa podemos fazer-lhe um pequeno elogio; um elogio grande só podemos fazê-lo quando ela não estiver presente".

DESPRENDIMENTO

As despedidas são sempre tristes

Toda despedida nos deixa tristes. Despedida tem a ver com separar, apartar e distanciar. Se me tornei amigo íntimo de uma pessoa, quero manter contato com ela. Mas eu devo deixar que ela vá. É o caminho que ela segue. Não devo detê-la nesse caminho. Isso vale para os pais e a sua relação com seus filhos. Isso vale de modo especialmente doloroso quando morrem pessoas que amamos ou que acompanhamos antes de sua morte. Despedir-se é uma arte que a gente demora uma vida inteira para aprender. Há muitos impedimentos em nós que tornam mais difícil esse aprendizado: os próprios medos, a experiência de abandono na infância, o medo da solidão. Em cada despedida estão em jogo outras despedidas. Despedir-se faz parte da vida. Novas coisas só podem desenvolver-se quando eu me despeço do que é velho. Uma pessoa que se prende a tudo o que se tornou importante para ela irá desmoronar sob o fardo daquilo que ela reteve. Ela não poderá seguir no seu caminho interior e exterior.

MEDIDA

A mãe de todas as virtudes

Os gregos contavam a medida certa entre as quatro virtudes cardeais. O sucesso da vida humana depende dessas virtudes. Quem ultrapassa constantemente a sua medida acaba se dando conta logo de como a sua alma e o seu corpo se vingam; essa pessoa adoece ou torna-se insatisfeita e insensível. O Talmude babilônico já sabia disso: "Os dias e anos de quem come devagar e com calma são mais longos". A medida certa é válida para tudo: a comida e a bebida, o trabalho e o descanso, o gozo e o esforço. O homem tem sempre dois polos: amor e agressividade, atividade e ócio, autoexigência e relaxamento. Ele deve encontrar o equilíbrio certo entre ambos os polos. Os primeiros monges já diziam: "Toda desmedida é demoníaca".

São Bento inclui em suas regras uma norma que é muito importante para os abades: "Seja prudente e refletido nas suas ordens, e quer seja de Deus, quer do século o trabalho que ordenar, faça-o com discernimento e equilíbrio, lembrando-se da discrição do santo Jacó, quando diz: 'Se fizer meus rebanhos trabalharem andando demais, morrerão todos num só dia'. Assumindo esse e outros testemunhos da discrição, mãe das virtudes, equilibre tudo de tal modo, que haja o que os fortes desejam e que os fracos não fujam" (Regra de São Bento 64, 17-19).

Ainda hoje é verdade que, quando uma pessoa jejua com exagero, ela estraga a sua saúde. Quem só procura o prazer perde logo a capacidade de ter um prazer verdadeiro. O equilíbrio nunca é estático. Trata-se antes de um equilíbrio fluido, que sempre deve ser encontrado novamente.

Eis o brilho do homem

Uma vida que é boa é sempre uma vida moderada. E não é uma tarefa fácil encontrar a própria medida. Pois, como diz o filósofo grego Aristóteles, "a natureza do desejo é ilimitada e a multidão vive apenas para satisfazê-lo". Temos a tendência de fazer tudo de um jeito desmedido. Uma pessoa fascinada pelo esporte corre o risco de praticá-lo sem medida. O dinheiro e a posse têm a tendência de desenvolver em nós a cobiça por mais dinheiro e mais posses. E muitas vezes não encontramos a medida certa ao avaliarmos nós mesmos: elaboramos imagens ideais de nós mesmos e não queremos admitir que a nossa realidade não alcança esse ideal. É doloroso manter a medida certa na avaliação que fazemos de nós mesmos. No entanto, experimentamos um fascínio em relação às pessoas que encontraram a medida certa. Por outro lado, quem não tem mais uma medida certa com a qual medir a si mesmo nos transmite uma impressão ruim. Essa pessoa se superestima. E acha que pode trabalhar mais do que os outros. Mas, quando testamos a sua capacidade, vemos que ela é bem modesta. Não podemos ter expectativas em relação a essas pessoas. Abbas Poimen, um monge do século IV, disse o seguinte: "Conhecer a própria medida é como uma grande honra". O que constitui o brilho do homem é o conhecimento de sua medida e o fato de viver de acordo com ela.

O amor não tem medida

Quando damos algo a outra pessoa, devemos exceder a nossa medida. Eis o que Jesus exige de nós no Evangelho de Lucas: "Dai, e ser-vos-á dado; boa medida, recalcada, sacudida e transbordando vos deitarão no regaço; porque com a mesma medida com que medis, vos medirão a vós" (Lc 6,38).

Ulrike Nisch, uma mulher muito simples, que foi beatificada no fim do século passado, tinha como lema para a sua vida o seguinte: "O amor não tem medida". Quando o nosso amor jorra da fonte do amor divino, ele não tem medida. É que a fonte divina é sem medida. Um amor assim não nos desgasta. E nós seremos, como Jesus diz, presenteados com uma medida boa e transbordante.

COMPAIXÃO

O pressuposto da felicidade

A compaixão e a simpatia por outras pessoas constituem a dignidade do homem. A compaixão é um caminho para a verdadeira humanidade. O mestre budista Thich Nhat Hanh diz que "a piedade é a única energia que pode nos ajudar a entrar realmente em contato com outra pessoa. Uma pessoa sem nenhuma piedade nunca pode ser realmente feliz". A piedade acaba com o isolamento do ser humano, cria relações verdadeiras e enobrece aquele que a pratica. É a condição para que uma pessoa seja realmente feliz. Isso é paradoxal, pois a pessoa que se compadece do outro sente as suas dores; essa pessoa abandona a sua tranquilidade interior para estar junto do outro, para sentir o que ele sente. Isso é doloroso e sacode a gente. Entretanto, o que Thich Nhat Hanh quis dizer é que a piedade é o pressuposto da felicidade. Pois, quando me fecho para os outros, eu fecho a minha felicidade em mim. Mas, assim, a felicidade não dá em nada.

Compaixão e sabedoria

A ideia de que a compaixão e a sabedoria estão fortemente vinculadas não é somente uma ideia budista. Os primeiros monges costumavam aconselhar os seus discípulos a não condenar os outros. Se alguém pecar, a gente deve, em vez de condená-lo, dizer para si mesmo: "Assim como essa pessoa foi vencida, eu também serei vencido do mesmo modo". E, além disso, a gente deve fazer o seguinte: "Chorar e procurar pela ajuda de Deus e sofrer com aquele que sofre, apesar de Deus, pois ninguém quer pecar contra Deus, mas todos podemos nos desviar do caminho certo". Quando sinto o que o outro sente, eu o entendo. Reconheço em seu pecado o meu próprio pecado. Não acharei que sou melhor do que ele, nem vou condená-lo. Uma pessoa que constantemente está de olho nos erros e fraquezas dos outros acha-se melhor do que os outros. Ela só se sente bem quando pode indignar-se com os erros dos outros. O sensacionalismo vive graças a essa tendência hoje tão difundida. Mas tal espionagem em busca das fraquezas dos outros conduz à desumanidade. A humanidade genuína só surge quando nós, em vez de julgar, sofremos com o outro, porque seus erros são um espelho para os nossos próprios erros. A compaixão não é um sentimento que me faz achar que sou melhor do que os outros; ela é o sentimento que me coloca no lugar do outro e me faz sofrer junto dele, porque o seu sofrimento é o meu. As suas fraquezas são minhas; os seus erros também estão em mim. E a sua dor me faz lembrar de minhas próprias dores. Na compaixão não vou somente ao encontro do outro, mas vou sempre também ao encontro de mim mesmo.

Como devemos amar

Como os primeiros monges, os chassidim, os judeus piedosos, estimam a compaixão como uma das mais importantes virtudes do homem. Martin Buber transmitiu-nos histórias maravilhosas do chassidismo. Em um desses contos, o Rabbi Mordechai diz: "Meu filho, quem não notar as dores de mulheres em trabalho de parto a cinquenta léguas, e não sentir compaixão delas, não rezar e não procurar aliviá-las, não merece ser chamado de Zaddik". Em outra história, o Rabbi Mosche Löb narra: "Aprendi com um camponês o modo como devemos amar os homens. Ele estava sentado com outros camponeses em uma taverna e bebia. Durante bastante tempo ele ficou em silêncio como todos os outros. Mas, quando o vinho lhe subiu à cabeça, ele disse para o camponês que estava ao seu lado: 'Diga-me: você me ama ou não?' O outro respondeu: 'Eu te amo muito'. E ele disse ainda: 'Você disse que me ama, mas não sabe o que me falta. Se você me amasse de verdade, você saberia'. O outro não foi capaz de contestar-lhe, e o camponês a quem fora feita a pergunta também caiu em silêncio, como antes. Aí eu entendi que amar o homem é ver as suas carências e sofrer com ele". O amor genuíno tem a capacidade de sentir o que o outro sente; a capacidade de perceber exatamente o que lhe falta, e suportá-lo em companhia do outro. Essa experiência se exprime também nas seguintes palavras do sábio indiano Tagore: "Aquele que quer fazer o bem bate à porta; aquele que ama encontra a porta aberta".

ÓCIO

O descanso de Deus no sétimo dia

Os gregos e os romanos valorizavam muito o ócio. Ele era a condição para aprofundar-se em ideias filosóficas ou dedicar-se à contemplação. O ócio era o tempo livre que Deus deu aos homens para que eles refletissem sobre o presente da vida. A tradição cristã ligou as ideias da filosofia grega com as imagens da Bíblia. Considere-se, por exemplo, a imagem do repouso de Deus no sábado. Deus descansa no sétimo dia. O homem deve participar desse repouso de Deus. No domingo, ele não precisa trabalhar e pode, por isso, dedicar-se à vida. Outra imagem é a narrativa de Jesus sobre Marta e Maria, as duas irmãs que são diferentes. Maria escolheu o lado do ócio, da contemplação. E esse é o bom lado, na opinião de Jesus. Na tradição, essa narrativa foi traduzida muitas vezes usando-se a palavra "melhor".

No entanto, São Bento nos alerta a respeito da ociosidade. O ócio é ativo. Eu aproveito o tempo. Dedico-me à leitura, à conversa, à meditação. Na ociosidade eu não sei o que fazer. São Bento diz sobre isso as seguintes palavras: "A ociosidade é o inimigo da alma" (Regra de São Bento 48, 1). Ficar à toa sem ter nada de interessante para fazer ou sem usar o tempo livre para a leitura ou a meditação é nocivo para a alma. Nessa situação a alma perde a sua capacidade de tensão. Já diz o ditado: "A ociosidade é o começo de todos os vícios". Esse é um pensamento moralista. Bento pensa psicologicamente. Não faz bem à alma ficar na ociosidade. O cultivo do ócio é uma arte que cada um deve desenvolver. No ócio eu aproveito o tempo. Dedico-me a atividades espirituais. Reflito. Medito. Estou totalmente atento ao instante. O ócio dessa natureza tem algo que nos revigora e liberta. Nele nós participamos do descanso de Deus no sétimo dia.

CORAGEM

"Deixe-se sacudir, mas resista!"

A língua alemã conhece muitas palavras que terminam em *Mut* (coragem): Humildade (*Demut*), suavidade (*Sanftmut*), paciência (*Langmut*), generosidade (*Grossmut*), encanto (*Anmut*) e arrogância (*Übermut*). É evidente que é preciso ter coragem (*Mut*) – modéstia (*Demut*) – para assumir a própria humanidade e ser suave em meio a pessoas agressivas. Coragem significava originalmente um anseio forte e também um esforço penoso. Uma pessoa encantadora desperta em nós um anseio por ela. Alegramo-nos com ela. Coragem significava originalmente sentimentos intensos. Essa palavra indica o interior do homem, o seu ânimo (*Gemüt*). Quem é generoso tem um coração amplo. Mas, evidentemente, é preciso ter coragem para expandir o coração e abrir o seu interior para o outro. Desde o século XVI a palavra coragem assumiu mais o sentido de bravura: é corajoso aquele que luta por alguma coisa, aquele que não pode ser determinado pelos outros e mantém a sua atitude interior. É nesse sentido que se fala de coragem no seguinte poema de Peter Rühmkorf:

> Quem está abaixado pode também dobrar os outros...
>
> Tudo o que era temido tornou-se verdade!...
>
> Deixe-se sacudir, mas resista.

A pessoa corajosa permite que os outros a sacudam: ela está disposta a entrar em contato com eles. Mas, enquanto é sacudida, ela tem uma base firme. Ela observa o que é bom para si e para os outros. E a sua coragem consiste em resistir, em lutar contra as tendências nocivas aos homens e que prejudicam a vida. A coragem é a bravura para aguentar o que se viu. A pessoa corajosa tem constância e não pode ser afastada facilmente do seu caminho. Mas ela não é cabeça-dura. Ela é capaz de comover-se com os homens e o seu sofrimento. No entanto, ela não somente tem compaixão pelo outro; ela esforça-se por ele, mesmo que se machuque ao fazer isso.

Coragem diante do amigo

A escritora Ingeborg Bachmann fala sobre uma coragem que parece especialmente difícil para a maioria das pessoas: a coragem de ser fiel a si mesmo diante de amigos e conhecidos. O que precisamos ter é, em suas palavras, "coragem diante do amigo". Muitas vezes não nos damos ao trabalho de contradizer um amigo. Desejamos harmonia. Para não colocar a amizade em jogo, preferimos não nos posicionar. Às vezes nós nos dobramos. No entanto, a coragem é o oposto de dobrar-se. A pessoa corajosa se mantém de pé, firme. Uma amizade só é estável quando os amigos são fiéis a si mesmos e, às vezes, contradizem um ao outro. É necessária a coragem diante do amigo. Devo ter a coragem de ser eu mesmo, totalmente, ainda que o amigo não o entenda no momento.

VIZINHANÇA

Proximidade e distância

"Um vizinho próximo é melhor do que um irmão distante" é o que diz a Bíblia (Pr 27,10). O vizinho é, originalmente, o camponês que mora perto de mim. A boa vizinhança é, portanto, uma condição importante do bem viver. A inimizade com o vizinho pode estragar a vida de uma pessoa, porque, nessa situação, tudo passa a girar em torno do vizinho: a gente observa o que ele planeja às escondidas e precisa constantemente desvalorizá-lo e xingá-lo. Ao contrário, os bons vizinhos ajudam-se mutuamente. Mesmo nas coisas pequenas do cotidiano eles se ajudam: um cuida da casa quando o outro viaja, e rega as flores. É sobre essa proximidade óbvia que fala o Livro dos Provérbios: o vizinho está perto quando preciso dele. Posso recorrer a ele quando não estou bem ou quando preciso de ajuda. Perto dele a gente se sente em casa.

Respeito pelos limites

A proximidade não é simples. O filósofo Artur Schopenhauer descreveu a convivência dos porcos-espinhos como uma imagem das relações humanas. A sua imagem parece, à primeira vista, bem pessimista, mas ela mostra de modo bem sóbrio as condições de uma boa vizinhança: "Uma sociedade de porcos-espinhos apinhou-se em um dia frio de inverno para aquecerem-se mutuamente e, assim, não morrerem congelados. No entanto, eles logo sentiram os espinhos dos outros, o que os afastou novamente. Ora, quando a necessidade de se aquecerem voltou a aproximá-los, repetiu-se aquele segundo mal, de tal modo que eles foram lançados entre dois sofrimentos, até encontrarem uma distância adequada na qual pudessem aguentar do melhor modo possível".

O homem precisa tanto da proximidade quanto da distância. Quando o seu interior torna-se frio, ele deseja proximidade. Mas a proximidade excessiva gera agressividade. Assim como os porcos-espinhos encontraram uma relação adequada entre proximidade e distância, nós precisamos também encontrar um equilíbrio entre ambos os polos. Quando o vizinho passa por cima da distância, ele nos dá nos nervos; quando se isola, também não gostamos. A boa vizinhança vive do respeito pelos limites próprios e alheios. É o que exprime também um midraxe judeu: "Um homem não deve entrar na casa do próximo a não ser que ele diga: 'Entre'".

SUSTENTABILIDADE

Cuidado com os recursos

A percepção de que todos os recursos naturais são limitados está crescendo. É muito atual a ideia de que a sustentabilidade é uma virtude. Outra ideia que também se difundiu muito foi a de que as empresas que utilizam os recursos disponíveis de modo sustentável não preservam a longo prazo apenas os recursos materiais. Além desses recursos, elas preservam também as forças dos seus funcionários. A busca por resultados a curto prazo, por outro lado, revela-se muitas vezes como cara demais do ponto de vista da sustentabilidade. Nos negócios existem pessoas em posição de comando que alteram em dois anos todas as estruturas de trabalho e obtêm resultados com imensa velocidade. Mas, tão logo essas pessoas deixam a sua posição, tudo volta a ser feito como antes, porque esse procedimento acaba se revelando como insustentável a longo prazo. Enfim, essas pessoas desperdiçaram muito dinheiro apenas para alcançar uma boa situação financeira de curto prazo.

Recursos da alma

O princípio de sustentabilidade aplica-se também à nossa vida pessoal. "Reserva" significa aquilo que guardamos para tempos difíceis. As pessoas não podem esforçar-se até esgotar completamente as suas forças. Elas devem construir para si reservas interiores em que possam buscar o que lhes for necessário quando as coisas não vão muito bem. Tais reservas interiores podem ser muito tranquilizadoras. É o repouso interior ao qual a gente pode retornar quando precisa de novas energias para a vida. Algumas pessoas agarram-se rapidamente a novas ideias e esgotam todas as suas forças. Mas, tão logo a euforia passa, elas não têm mais força para controlar a sua vida. A sustentabilidade na condução da própria vida requer uma boa relação com os recursos interiores. C.G. Jung diz que cada pessoa só tem um certo estoque de forças psíquicas. Se elas forem esgotadas rápido demais, a pessoa não terá mais onde buscá-las. No entanto, se a gente tem cuidado com esses recursos, eles se mantêm em crescimento; é assim que se "administra" de modo sustentável os próprios recursos pessoais. Somente aquele que tem uma reserva, um estoque de força interior, é capaz de dar. Essa pessoa guardou em si esse estoque. Assim como o egípcio José, sobre o qual se narra na Bíblia, armazenou uma provisão de trigo para os anos de escassez, assim também nós devemos guardar sempre um pouco de força interior para que ela esteja à nossa disposição quando a demanda diária de energia exceder as nossas forças normais.

TOLERÂNCIA

É melhor ficar em silêncio

Um ditado indiano nos diz: "Não se preocupe muito com o que as outras pessoas fizeram ou deixaram de fazer. O que você não pode deixar de ter em mente é o que você mesmo faz ou deixa de fazer". Em qualquer lugar, as pessoas não ligam muito para si mesmas. Por isso encontramos regras semelhantes em todas as culturas. Mesmo entre os padres cristãos do deserto do século IV, existem ideias e conselhos semelhantes. Um antigo padre costumava dizer: "Um monge nunca deve ter a ansiedade de saber o que se passa com essa ou aquela pessoa. Tais 'investigações' apenas o afastam da oração e o convertem em caluniador e tagarela. Por isso, é melhor ficar em silêncio".

As pessoas só podem ter uma convivência duradoura quando são tolerantes. Quando uma pessoa critica cada erro do outro, e o espiona para descobrir as suas fraquezas, a convivência torna-se desumana.

Modéstia não tem língua

Quando falamos sobre os outros, as nossas opiniões se misturam imediatamente com a curiosidade sobre os erros deles. Por isso os monges antigos exigiam de nós, sobretudo, a modéstia. Isso significa que devemos ser tolerantes com os outros e não devemos julgar ninguém: "Abbas Isaias dizia que a modéstia não tinha língua para dizer de alguém que ele é desleixado, ou para dizer que ele é desprezível. Ela não tem olhos para ver os erros dos outros, e não tem ouvidos para ouvir aquilo que faz mal à alma". Em vez de procurar avidamente os erros dos outros, os monges viam neles um espelho para a sua própria alma; assim como o outro caiu em pecado, eles também poderiam fazê-lo a qualquer momento. Por isso, quando via algum irmão cometer um erro, o Abbas Agathon tinha o hábito de dizer: "Agathon, preste atenção! Não cometa esse pecado". Isso o impedia de censurar um irmão. A tolerância é a mãe tanto da boa convivência quanto do próprio amadurecimento.

ORDEM

A cura da alma

Às vezes dizemos que a ordem é metade da vida. O que está por trás dessa opinião é uma profunda sabedoria; na Idade Média, *ordo* (ordem) era um conceito importante. A convicção era de que, quando as coisas estão na sua ordem correta, elas correspondem à vontade de Deus. É que Deus ordenou bem todas as coisas. Por isso, para São Bento, a ordem era também um valor espiritual. Em sua regra, ele organiza tudo: o trabalho, a oração, a convivência, o decorrer do dia, o modo de relacionar-se com os outros. Por meio da ordem exterior o homem deve alcançar uma ordem interior. Eu mesmo experimento muitas vezes que a ordem exterior pode ser muito salutar justamente para as pessoas que são consideradas depressivas. Quando a alma não está mais em ordem, o curso do dia, pelo menos, deve decorrer ordenadamente. A pessoa depressiva encontra apoio na ordem exterior. Quem se submete a uma ordem exterior ordena também o seu humor e seus estados de espírito. E fecha a porta para a oscilação de seu coração; isso não significa trancá-lo, mas sim criar e proteger um espaço no qual o coração pode curar-se. A ordem é um fator de cura. Uma organização inteligente economiza energia e liberta-nos para o essencial. Ela impede que as pessoas recaiam na deformidade da imaturidade. A ordem confere estruturas claras para as pessoas e estimula o processo de amadurecimento.

Organização

Muitas vezes entro em contato com pessoas que não organizam a sua vida: elas não organizam o seu cronograma e a sua casa tem uma aparência caótica. Sua situação financeira é obscura. Elas esquecem de fazer compras. Quando querem comer, percebem que não têm nada de bom em casa. Há uma conexão entre o interior e o exterior. A desordem exterior permite, na maioria das vezes, concluir que há uma desordem interior. Devemos organizar as coisas exteriores para que a alma possa entrar em ordem também. Isso é válido para coisas aparentemente tão banais como a administração do dinheiro. Um ditado diz que "ordem nos gastos já é meio lucro". Na opinião de muitos, o dinheiro é puramente mundano. No entanto, quando não dão atenção na sua vida espiritual à sua relação com o dinheiro, o seu caminho espiritual passa ao largo da vida. E elas irão, em algum momento, enclausurar-se em suas dívidas. A ordem no que diz respeito ao dinheiro começa com os gastos. Quando crio ordem nos assuntos de dinheiro, posso viver o meu dia com calma e ordem interior. A ordem é metade da vida.

CONSCIÊNCIA DOS PRÓPRIOS DEVERES

O que serve à vida

A palavra "dever" não está em moda hoje. A consciência dos próprios deveres significa bonomia e estática virtude prussiana. Além disso, ela é uma virtude da qual o Terceiro Reich abusou: os agentes de polícia e empregados menores nazistas mencionavam o "dever" que cumpriram. Hoje a gente prefere falar de consciência da responsabilidade. Apesar disso, a coisa (e a palavra, em razão de sua origem) não tem em si nada de marcial ou duro. Dever (*Pflicht*) deriva, em sentido próprio, de cuidar (*pflegen*). O significado original de cuidar (*pflegen*) é responder por alguma coisa, intervir em favor de alguma coisa. A partir desses significados surgiram dois outros. Por um lado, ela passou a significar preocupar-se, acompanhar, ter cuidado. Por outro, ela passou a significar: entregar-se a alguma coisa, habituar-se. Quando entendo por dever "preocupar-se com alguma coisa", ele volta a ter um significado positivo. No dever, cuido para que a vida tenha sucesso, para que o que é necessário seja resolvido. Nesse sentido, o dever serve à vida. Mas o outro significado também serve à vida: eu me entrego a outra coisa. Envolvo-me. Deixo de lado os meus interesses pessoais e aceito o desafio dos problemas e daquilo que deve ser resolvido. Nenhuma sociedade pode sobreviver sem uma atitude assim; uma atitude que estimula ativamente a vida.

A sabedoria de tropeçar

O filósofo e iluminista Moses Mendelssohn disse uma frase na qual tropecei: "Enquanto não cumprirmos os deveres que devemos cumprir não podemos ser felizes". Quando li essa frase pela primeira vez, ela não me agradou. No entanto, à medida que refletia sobre ela, a sua sabedoria evidenciou-se para mim. Hoje muitas pessoas querem ser felizes. Elas procuram em algum lugar fora delas mesmas a felicidade. Mas, às vezes, elas se desviam no caminho da vida por se esforçarem demais nessa busca. Nessa situação, as questões não resolvidas impedem-nas de encontrar a paz interior. A vida tem os seus deveres: cuidar de casa, realizar o trabalho necessário, cuidar da família. Somente aquele que assume esses deveres em sua vida, sem experimentá-los como uma tarefa penosa, torna-se satisfeito consigo mesmo e pode viver o que chamamos de felicidade. O cumprimento de deveres, por si só, não nos torna felizes. Mas ele pode ser uma condição para que a felicidade venha a se realizar em algum momento.

CONSELHO

Muitos olhos veem melhor

A palavra "aconselhar" tem muitos significados: ela pode significar refletir, inventar, tomar precauções, propor, recomendar e adivinhar, indicar. Nas situações difíceis, dizemos que "um bom conselho é precioso". O conselho é como uma indicação de caminho; ele é um pensamento que desata um nó; ele é uma ajuda que se dá a quem se perdeu. Os conselhos são vistos hoje com desaprovação: o terapeuta não deve dar conselhos, pois eles não fazem bem ao outro. Originalmente, a palavra "aconselhar" deriva de "deliberar, reunir-se em conselho": quando deliberamos em conjunto, refletimos juntos sobre o melhor caminho. O conselho sempre foi muito estimado pela sabedoria dos povos. A sabedoria oriental, por exemplo, diz a respeito do conselho o seguinte: "O melhor cavalo precisa também de uma cerca; do mesmo modo, o mais inteligente deve pedir conselhos". É preciso ser modesto para pedir conselhos. Quem pede conselhos torna-se mais sábio. Ele não precisa seguir imediatamente o conselho; no entanto, ouvir o conselho de outra pessoa amplia o nosso próprio horizonte. Às vezes quem recebe um conselho descobre caminhos que ele até então não viu. Devo sempre levar a sério os conselhos dos outros e refletir sobre eles. No entanto, não se trata de segui-los como um escravo: sou eu quem toma a decisão sobre o caminho que irei seguir. O sábio quer receber conselhos. Ele sabe que muitos olhos veem melhor.

Um bom conselho é um apoio

"É mais fácil dar conselhos para o outro do que para si mesmo." Foi o Rabino Nachman von Bratzlaw quem formulou essa experiência. Muitas vezes estamos tão enredados em nossos problemas que nos tornamos cegos para as soluções possíveis. Quando se trata de outra pessoa, nosso distanciamento é maior e podemos, muitas vezes, ver com mais clareza. Tenho contato com muitos curas de almas e terapeutas que podem dar ótimos conselhos para os outros sobre o que lhes pode ajudar. No entanto, eles não são capazes de ajudar a si mesmos. É verdade que eles sabem o que seria bom para eles. Mas eles não conseguem seguir os próprios conselhos. O seu padrão de vida os impede de fazer o que eles aconselhariam a outras pessoas na mesma situação.

Mas é uma ajuda para eles receber um conselho de outra pessoa. O conselho de outra pessoa é como um apoio que nos ajuda a seguir o nosso próprio caminho; ele é como uma permissão para que levemos a sério as nossas próprias reflexões contra todas as resistências, contra tudo o que parece falar contra essas reflexões.

Ouça aqueles que te amam

"Ouça os conselhos daqueles que te amam, ainda que não os possa compreender bem" (sentença judia). Alguns conselhos não nos agradam nem um pouco. É possível até que eles nos irritem! Mas, quando sabemos que o outro nos ama, deveríamos levá-lo a sério: porque ele nos ama, ele nos desafia com o seu conselho e nos julga capazes de agir. Muitas vezes o conselho do outro nos irrita justamente porque ele confirma a nossa própria opinião. Na verdade, nós já sabíamos o que deveríamos fazer. Entretanto, alguma coisa em nós opõe-se a que o realizemos. É possível que o caminho seja difícil demais para nós. Assim, muitas racionalizações obscureceram e desvalorizaram a nossa própria opinião. O sentimento sabe que deveríamos abandonar uma determinada tarefa. No entanto, surgem nesse momento reflexões como: "Não quero parecer uma pessoa que não merece confiança", "O que os outros vão pensar de mim?", "Não quero decepcioná-los"... Nesse estado de espírito continuamos a executar a tarefa, apesar da resistência que notamos em nós mesmos e de estarmos muito cansados. Ora, quando alguém nos aconselha dizendo: "Abandone essa tarefa! Largue esse emprego nessa empresa!", ele realmente chama a nossa atenção para a nossa insatisfação. Mas, ao mesmo tempo, as racionalizações tomam outra vez a palavra e dizem: "Na situação atual, não posso mais seguir as minhas próprias opiniões. O outro tem razão". Mas não é simples compreender isso e agir de acordo com essa compreensão. A pessoa que pensa assim deveria deixar de lado a expectativa de agradar aos outros e fazer o que eles esperam dela. Ela deveria construir o edifício de sua vida sobre uma base completamente diferente. Vale a pena tentar.

RIQUEZA

A propriedade

Uma das histórias mais claras sobre a riqueza encontra-se no Evangelho de Lucas. O evangelista dirige-se à classe média da época, aos latifundiários, aos grandes comerciantes e aos coletores de impostos, que alcançaram um bom padrão de vida e interessam-se por educação e filosofia. Ainda hoje uma cena é de grande atualidade. Um homem aproxima-se dele e queixa-se do seu irmão mais velho, dizendo que ele não quer dividir a sua herança. Quando se trata de herança, irmãos e irmãs ainda hoje se desentendem. Não se trata apenas da divisão do dinheiro, mas, em última instância, de quem foi mais amado pelo pai ou pela mãe, i. é, trata-se de quem foi o filho ou filha preferido do pai ou da mãe. Jesus recusa-se a intervir como juiz ou árbitro, ao contrário do que os Doutores da Lei sempre faziam. Ele quer elevar as pessoas a um outro nível. Ele gostaria de abrir os olhos dos seus ouvintes para o essencial. É que essas pessoas deveriam pensar sobre o sentido de suas vidas. E o sentido da vida não consiste na abundância daquilo que possuímos. Uma coisa morta não pode abundar. A propriedade nos seduz, nos faz acumulá-la e nos torna obsessivos e maníacos. A vida se paralisa. A abundância pertence somente à vida que é marcada pelo amor que compartilha, em vez de guardar e prender tudo para si.

Nunca é suficiente

Todos nós temos o desejo de ser ricos. Muitos pensam na riqueza exterior, em possuir muitos bens, em ter uma quantidade enorme de propriedades. Jesus sempre nos advertiu quanto a essa riqueza. O Evangelho de Lucas convida os ricos a dividir a sua riqueza com os outros. Na opinião de Lucas, a exortação de Jesus ao amor ao próximo e à compaixão se concretiza nessa divisão dos próprios bens com os outros. Para Jesus a riqueza não é em si mesma má. A riqueza, como diz C.G. Jung, tem a tendência de fortalecer a máscara: quando alguém se esconde atrás daquilo que possui, não se pode entrar em contato com ele, nem falar a respeito de seus sentimentos. É que essa pessoa se esconde atrás do que construiu. Mas o lado humano dela definha. Ela tornou-se incapaz de relacionar-se. Não se alimenta de bons encontros e de boas conversas. Um pregador já nos adverte no Antigo Testamento em relação a essa riqueza: "Quem ama o dinheiro nunca terá o bastante". Há uma avidez pelo dinheiro que nunca pode ser satisfeita. A necessidade de possuir alguns bens é uma necessidade essencial do homem. Esperamos poder viver tranquilamente com aquilo que possuímos. Entretanto, quem ama aquilo que possui torna-se obcecado e nunca alcança a tranquilidade. A felicidade é outra coisa. Não se pode comprá-la nem possuí-la. Nós a encontramos nos instantes em que verdadeiramente vivemos. Nesses instantes a felicidade sempre pode ser experimentada. Mas não se pode segurá-la.

O que nos torna ricos?

Não podemos planejar totalmente as nossas vidas. Não podemos fazer nossa felicidade. Alguma coisa sempre irá cruzar o nosso caminho. Uma desgraça pode nos acontecer, uma doença pode nos abater ou a morte pode nos ceifar. Qual é então o sentido de nossa vida? Todos os objetivos em vista dos quais usamos a nossa energia são arrancados de nossas mãos. Qual é então o objetivo em vista do qual devemos construir nossa vida?

Trata-se de ser rico perante Deus. É rico "aquele que é rico graças a Deus", ou aquele que se enriqueceu nele. O que significa tornar-se rico graças a Deus? Quando Deus está em nós, tornamo-nos ricos graças a Ele. Deus é a verdadeira riqueza da alma. Jesus fala sobre o tesouro no campo e sobre as pérolas preciosas. Quando o valor de uma pessoa torna-se dependente daquilo que ela possui, ela nunca encontra a riqueza interior. Ela tem de acumular cada vez mais coisas para sentir-se bem. Mas ela nunca encontrará a paz. Quem conquistou Deus como sua riqueza interior não se prende às suas posses exteriores. Essa pessoa poderá viver sem medo em sua liberdade interior.

O brilho do mundo

"É rico aquele que sabe que tem o bastante" (Tao Te King). A verdadeira riqueza é o contentamento com o que já se tem. Assim alcançamos verdadeiramente a paz. Jesus nos estimula a buscar a riqueza interior da alma. Ele fala sobre o tesouro no campo e sobre as pérolas preciosas. Quem as possui é feliz. O tesouro no campo é o Eu genuíno, verdadeiro, a imagem originária que Deus tem de nós. Os monges comparam essa imagem interior à safira. Ela espelha o brilho e o esplendor de Deus. O mundo inteiro brilha para aquele que descobriu em si essas pérolas. Isso é formulado por Elie Wiesel da seguinte maneira: "O mundo aparece sob um brilho fixo para aquele que o contempla sem desejos". Somente quem abandona o seu ego, com todas as suas necessidades insaciáveis, encontra o seu verdadeiro núcleo e o mundo inteiro lhe aparece brilhante e magnífico. Uma pessoa assim não quer a beleza do mundo para si. Ela admira o mundo, sem querer dominá-lo.

RESPEITO

O respeito que se deve a todos

Respeito deriva de *respicere*: rever, olhar em torno de si, levar a sério. Quando tenho respeito, olho e não ignoro. Olho outra vez e vejo mais profundamente; intuo o mistério do outro. Quando levo alguém a sério, não o traio. Eu cuido. Sou tolerante. Percebo os seus pontos fracos, mas não machuco. Estimo o outro do modo como ele é. Estou do seu lado e o apoio. Esse respeito se deve a todas as pessoas. Olho não apenas para o que está em primeiro plano, mas também para o lado de dentro, para o que de outro modo permanece oculto. O respeito não existe apenas para aqueles que estão em posição superior. Ao contrário, o desrespeito diante dos poderosos pode originar-se justamente do respeito por um bem maior: a verdade, a liberdade e a justiça.

O respeito é necessário sobretudo para aquele que não exige respeito através de sua aparência. Eis o que se diz no Livro dos Provérbios: "Quem despreza os pobres blasfema contra Deus". É precisamente o pobre, que não tem nada com que possa se defender, que merece a nossa atenção e consideração. Não devemos permitir que nos seja infundido respeito por pessoas que querem nos intimidar fazendo-se de importantes. Uma pessoa que se apresenta orgulhosamente e pretende ser especial não precisa de nossa admiração, mas sim de nossa compaixão, como diz Matthias Claudius: "Quando aparecer uma pessoa convencida, que se acha muito importante, afaste-se e tenha pena dela".

PAZ

Como a alma encontra a paz

Quem não quer encontrar a paz? Esse é o desejo de qualquer pessoa estressada atualmente. Mas muitos não encontram a paz. Não podem descansar. E quando as coisas se acalmam em torno deles, exatamente por isso ficam nervosos: eles percebem que poderiam encontrar a sua própria verdade. Isso os inquieta. Assim, eles preferem fugir de si mesmos e afundar-se na atividade desenfreada. Jesus diz: "A verdade vos libertará" (Jo 8,32). Poderíamos traduzir esse texto assim: somente quem ousa ver a sua própria verdade encontrará a paz. A paz começa no interior: "A paz na alma significa também paz para todo o corpo", diz o Rabino Halozki. Quando a alma não se acalma, o corpo nunca alcança um verdadeiro repouso, ainda que não faça nada exteriormente. Quem está constantemente em movimento impede que a sua alma se torne tranquila. Devo tranquilizar-me exteriormente para que a minha alma possa encontrar a paz.

A força origina-se da paz

Jesus convida os inquietos com a promessa de que os tranquilizará: "Vinde a mim aqueles que se atormentam e tiveram de suportar fardos pesados. Eu vos darei paz" (Mt 11,28). A causa da inquietação é que nós nos atormentamos e, muitas vezes, nos torturamos, colocando-nos continuamente sob pressão. Há um curso em que falamos sobre essa pressão que colocamos sobre nós mesmos. Uma aposentada contou como ela continuava a se inquietar, porque achava que ainda precisava fazer isso ou aquilo. Ela ficava com um peso na consciência quando, ao meio-dia, achava ter feito muito pouco. Uma mãe se inquietava quando o seu filho ia mal ao servir de acólito. Um homem se inquieta ao achar que deve liquidar esta ou aquela atividade em dez minutos.

Olhando de fora, a pressão muitas vezes não existe objetivamente. Nós mesmos é que a criamos! No entanto, quem coloca pressão sobre si constantemente nunca consegue encontrar a paz. Tão logo as coisas se acalmam em torno dessa pessoa, surgem sempre novas imagens e ela, atormentada, acredita que ainda há isto ou aquilo para ser resolvido. O caminho mais importante para a paz interior envolve a superação dessa pressão que colocamos sobre nós mesmos. Jesus nos convida a tomar o seu jugo sobre nós, o que, aliás, é fácil. Tomar o jugo de Jesus significa entrar em contato consigo mesmo. Não se trata de uma pressão exterior ou autoimposta. Quanto mais estou consciente de mim mesmo, menos a pressão se impõe sobre mim. Quem está consciente de si percebe-se. O que ele faz flui desde o seu centro interior. Assim, a sua atividade surge a partir da paz e produz paz. O trabalho de quem trabalha agitado não produz nenhuma bênção. A força origina-se da paz.

MANSIDÃO

Bem-aventurados os mansos

Mansidão não é uma palavra moderna. Parece antiquada. Evagrius Ponticus, o psicólogo entre os monges antigos, vê a mansidão como um sinal da espiritualidade. Uma pessoa que se tornou dura em razão da ascese não entendeu nada da espiritualidade. Evagrius nos indica Moisés como exemplo; de Moisés se diz que ele era mais manso do que todos os outros homens (Nm 12,3). E ele chama a nossa atenção para Jesus, que se diz manso (Mt 11,29). Jesus louva os mansos dizendo que eles são bem-aventurados: "Bem-aventurados os mansos, pois eles herdarão a terra" (Mt 5,5).

A palavra "mansidão" (*Sanftmut*) deriva de "juntar" (*sammeln*). É manso aquele que junta em si todos os domínios de sua alma, que não despreza ou exclui o que encontra em si. É preciso ter coragem para juntar tudo o que está em si e unificá-lo. Há coisas em mim que eu preferiria não ter, que eu preferiria excluir e rejeitar. Entretanto, junto as experiências que tive, as tristes e as alegres, as preciosas e as dolorosas; eu as conservo. Tudo me pertence. Quem junta e unifica o que está em si pode conviver melhor com as outras pessoas. Não julgará os outros com rigor excessivo, uma vez que ele não julga o que encontra em si mesmo.

Uma pessoa mansa reúne outras pessoas em torno de si. Visto que está centrada em si mesma, ela pode aproximar as pessoas. Algo de agradável emana dessa pessoa, algo de delicado ao qual gostamos de nos ligar. Uma pessoa mansa relaciona-se suavemente com os outros. Apesar disso, ela é cheia de força: concentrou em si tudo o que se encontra nela. Agora todas essas coisas estão à sua disposição. Uma pessoa dura, por outro lado, fechou-se e é como uma pedra: ela aguenta as primeiras pancadas e desaba logo depois. Quem é suave não desmorona. Tudo o que está nele atua em conjunto e se mantém unido. Assim, ele pode, por si mesmo, agir com energia e eficiência por mais tempo. A mansidão torna o mundo mais amigável e mais feliz.

SILÊNCIO

O silêncio é ouro

Todos os sábios deste mundo louvam o valor do silêncio. Um ditado alemão diz que "a fala é prata, o silêncio é ouro". Posso resolver muitos problemas com a fala. No entanto, quem consegue silenciar entra em contato com o brilho áureo de sua própria alma. Há pessoas que têm uma necessidade constante de falar. Elas não encontram nunca o núcleo de ouro em si mesmas. "O silêncio é o início da sabedoria", diz Schlomo Ibn Gewirol. O silêncio conduz a um novo saber: olho para dentro de mim, vejo a realidade como ela é, não a encubro mais com palavras. Quem silencia torna-se sábio. Essa pessoa sabe mais. Olha para o essencial.

Friedrich Nietzsche experimentou o valor do silêncio na própria pele. Muitas vezes ele esteve sozinho. Mas, justamente nos momentos de silêncio, ocorriam-lhe as ideias mais importantes: "O caminho para todas as coisas grandes passa pelo silêncio". O silêncio, na opinião dos primeiros monges, clareia o que há de turvo em nós. Assim como o bom vinho deve ficar bastante tempo na vertical, para que se clareie a turvação, nós precisamos do silêncio para decantar toda a sujeira interior. E somente quando nós vemos claramente, reconhecemos a essência das coisas. Somente a partir de um silêncio assim podem surgir as coisas grandes. Nesses momentos, descobrimos o que é novo. Não repetimos o que os outros sempre dizem. Entramos em contato com o ser mesmo. Assim tomamos consciência daquilo que realmente importa na vida.

Entender, agir, ganhar

Dag Hammarskjöld, que atuou como secretário-geral da ONU a serviço da paz, reconheceu por si mesmo o valor do silêncio. Ele, que estava sempre viajando para resolver conflitos, costumava desfrutar dos momentos de silêncio. O silêncio era uma condição de seu trabalho. É o que aparece claramente nas suas próprias palavras:

> Entender – através do silêncio.
>
> Agir – através do silêncio.
>
> Ganhar – através do silêncio.

Aprendo a entender o outro quando falo com ele. Mas é preciso ter silêncio para olhar até o fundo de sua alma e entendê-la profundamente. Só posso entender as situações deste mundo quando me recolho e olho com novos olhos, a partir do silêncio, para todas as coisas. A ação origina-se no silêncio. A ação que se origina no silêncio é mais eficiente do que a de uma pessoa arrebatada. Pois, no silêncio, ele viu o que é que importa. O silêncio dá-lhe força para realizar o que ele viu. E ele começará a fazer de modo consequente e tranquilo o que lhe parece importante. O grande resultado que Dag Hammarskjöld concretizou como secretário-geral da ONU, graças à sua atividade política, tinha sua causa última no silêncio que ele sempre se concedia. O silêncio, em sua opinião, é também a causa do ganho: quem age a partir do silêncio consegue realizar aquilo que deseja. Mas ganhar a partir do silêncio significa também outra coisa. Quem tem sucesso precisa do silêncio para não formar ideias falsas sobre o seu sucesso. Pois, quem se define a partir de seus êxitos, paralisa-se interiormente: envaidece-se com as suas vitórias e acha que é melhor do que os outros. O silêncio, por outro lado, põe os seus pés no chão. O silêncio faz com que essa pessoa seja confrontada por seu próprio vazio e sua mediocridade. Mostra-lhe que o ganho é sempre um presente que vem do céu. Quem ganha a partir do silêncio não irá festejar em voz alta as suas vitórias. Será grato. Quando ganha, não ganhará às custas dos outros. Muito pelo contrário, o seu sucesso possibilita que a sua vida dê certo.

Silêncio e tagarelice

"É difícil ficar em silêncio quando não se tem nada a dizer." Malcolm Margolin refere-se com essa observação às pessoas que não conseguem se manter em silêncio. Quem tem o que dizer consegue conter-se. Está consciente de si. Quem não tem o que dizer precisa mostrar para si e para os outros que ele é capaz de conversar. Ou não consegue suportar a pressão que o silêncio exerce sobre ele. No silêncio, ele se sente vazio e desprezado. Na opinião dos primeiros monges, o silêncio era uma saída do mundo das palavras em direção do mistério do ser e, em última instância, em direção do mistério de Deus. Alguns precisam falar para fugir de sua solidão. Quando ninguém os ouve, sentem-se excluídos da sociedade humana. Visto que não se ouvem, essas pessoas sentem a necessidade de serem constantemente ouvidas.

AUTODOMÍNIO

Abrigo para a alma

Na opinião de muitas pessoas o autodomínio está associado ao ranger de dentes, a não expressar-se, ao controle constante sobre os próprios sentimentos. Os gregos falam em *autarkeia*. Possui autarquia aquele que é senhor de seu próprio domínio e não se deixa dominar pelos outros. Segundo os gregos, só merece ser chamado de humano quem domina a si mesmo, é interiormente livre e não é dominado nem pelo prazer ou por seus estados passageiros de espírito, nem por outras pessoas. Nesse contexto, autocontrole não significa que controlo meus sentimentos, mas sim que eu atuo sobre os meus sentimentos, em vez de deixar que eles me determinem. Sem autodomínio a vida não pode dar certo. Nesse caso, sou dominado por outras pessoas e por estados passageiros de espírito. Eles me oprimem. E sou vivido, em vez de viver por mim mesmo.

O Livro dos Provérbios compara uma pessoa que vive sem autodomínio com uma cidade que está exposta, indefesa, a todos os ataques exteriores: "Um homem que não pode dominar-se é como uma cidade cujo muro foi destruído". Numa cidade cujo muro foi posto abaixo qualquer um pode entrar. E as pessoas que vivem em uma cidade assim não se sentem protegidas. O autodomínio é como um muro que protege a cidade da minha alma e delimita para mim um espaço no qual posso sentir-me em casa e abrigar-me. Uma pessoa sem autodomínio não pode impor-se limites nem defender-se. A cidade sem muros logo perderá seus habitantes porque ninguém gosta de morar lá. E a pessoa que não se domina irá logo experimentar como a sua vida se torna vazia. Ela abandonará a si mesma e irá andar sozinha pelo mundo. Leon Tolstoi expressou isso de forma pertinente: "Nunca houve uma vida boa e feliz sem autocontrole. E não pode haver".

MORRER/MORTE

Além do limiar

"O nosso mundo se estende até o mundo dos mortos, e o deles se estende até o nosso" (Max Picard). Os sábios sempre souberam que a sua vida tem um horizonte maior do que aquele que está diante de seus olhos. Não é somente o horizonte de Deus que amplia a vida deles; o mundo dos mortos também a amplia. Quando morrem pessoas que conhecemos bem, uma parte de nós é levada por elas através do limiar da morte. Tudo o que compartilhamos com elas, nossas alegrias e sofrimentos, nossas opiniões comuns e conflitos, todas as coisas claras e escuras que experimentamos juntos, elas levaram consigo para o mundo de Deus. Quanto mais pessoas que nos são familiares falecerem, maior será a parte de nós que se colocará além do limiar. Assim, nós já estamos com um pé no mundo dos mortos, no mundo do acabamento, onde os mortos estão juntos de Deus. Mas, inversamente, é correto dizer que os mortos têm uma mensagem para nós, uma ordem que devemos cumprir. E os mortos vêm ao nosso encontro no meio do caminho. Às vezes eles se manifestam para nós em sonhos e expressam que estão de acordo com a nossa vida. Às vezes nos dizem em sonho uma palavra que nos indica um caminho para o futuro, consola-nos ou abre nossos olhos para o que está acontecendo agora em nossa vida.

O metafísico e padre inglês John Donne considerava a relação dos mortos conosco a partir de outra perspectiva: "Ninguém é uma ilha, totalmente isolado de tudo. Cada ser humano é uma parte do continente, uma parte do todo [...]. A morte de qualquer pessoa me diminui porque estou entrelaçado com a humanidade. Por isso, nunca envie mensageiros ou moços de recados para saber a quem é dedicado um dobre de sinos: eles são dedicados a você". Quando uma pessoa morre, lembro-me de minha própria morte. E junto de cada pessoa morre também uma parte de mim. Não posso mais dividir com o outro, do mesmo modo, o que eu falei com ele e os sentimentos que dividimos. O outro me escapa. Ele não me apoia mais, não me dá afeto, não me mostra mais o caminho. Assim, uma parte de mim morreu com a outra pessoa. É uma tarefa minha entrar numa nova relação com o morto. Mas isso só pode dar certo quando eu realmente me despedi e enterrei a parte de mim que morreu com o outro.

Vestígios de minha vida

A morte de uma pessoa lembra-me de minha própria morte. O poeta Wolfdietrich Schnurre mostra que a morte de uma pessoa que tem a mesma idade que nós confronta-nos com a nossa própria mortalidade: "Nunca as pessoas de mesma idade olharam-se no espelho com tanta perturbação como depois da morte de um quinquagenário". Obviamente, eles viram no espelho a própria transitoriedade. Eles constataram, cheios de medo, que a sua vida não irá durar eternamente.

Alguns vivem o pensamento sobre a morte como um benefício, principalmente quando não gostam de viver.

Para outros, ele é um convite a refletir sobre a sua vida: Qual é o objetivo de minha vida? Qual é a mensagem que eu realmente quero transmitir? Até agora, eu vivi ou fui vivido? Como eu quero viver o tempo que me resta? Que vestígios quero deixar neste mundo?

Abraham Lincoln, ao pensar sobre a morte, refletiu a respeito do que os homens deveriam pensar no momento em que vão morrer: "Quando eu morrer um dia, gostaria que aqueles que me conheceram bem digam que eu sempre arranquei um cardo e plantei uma flor onde achei que uma flor pudesse crescer".

O que eu quero que esteja escrito em minha lápide?

Despedir-se: uma arte que a gente deve aprender

Quando uma pessoa é arrancada de mim, fica uma ferida. Por isso, muitos querem excluir a despedida de seu caminho. Não a encaram nos olhos. Mas, assim, eles postergam a despedida que deveria ter tido lugar depois da morte da pessoa querida. A despedida é inevitável. Quando nos despedimos de alguém que morreu, lembramo-nos das muitas despedidas que sofremos na vida. Precisamos nos despedir dos avós, dos pais, dos amigos queridos. Precisamos nos despedir da infância, da juventude, da terra natal. É totalmente normal que as despedidas criem o medo de ser abandonado. Uma pessoa que, quando criança, sentia-se abandonada, gostaria de acabar com todas as despedidas, porque elas lhe fazem lembrar do abandono original que ela viveu na infância. Entretanto, nós devemos entender e aceitar as muitas pequenas despedidas como um exercício para a grande despedida da morte. Quando nos despedimos do falecido, exercitamo-nos na despedida que sempre é exigida de nós: a despedida das pessoas, dos hábitos passados de vida, dos sentimentos do passado e, enfim, da própria vida.

CONSOLAÇÃO

Lágrimas santas

"Uma mulher que estava desesperada em razão da morte de seu filho aproximou-se do mestre para ser consolada. Ele ouviu-a com paciência, enquanto ela lamentava o seu sofrimento. Então eu disse suavemente: 'não posso secar tuas lágrimas, minha querida. Só posso te ensinar a santificá-las'." O que essa história quer dizer? Quando alguém tem um grande sofrimento (a morte de uma criança é o maior de todos os sofrimentos que pode ocorrer a uma pessoa), nossas palavras bem-intencionadas não costumam ajudar. Toda tentativa de resposta cai no vazio. Não temos nenhuma resposta quando nos pergunta: "Por quê?" E não podemos dar-lhe nenhum consolo fácil porque percebemos a dor que ameaça arrasar o outro. As palavras ficam presas em nossas bocas. A única coisa que podemos fazer é estar junto e amparar o sofrimento daquele que procura ajuda. O mestre teve compaixão pela mulher e falou-lhe com suavidade. Mas ele não a consolou, nem lhe deu uma resposta para seu sofrimento. A única coisa que ele pode oferecer é ensinar-lhe a santificar suas lágrimas. O que significa santificar as lágrimas? É santo aquilo que é precioso. Santificar as lágrimas significa descobrir pérolas preciosas nas lágrimas. O sofrimento enobrece o homem. Não podemos explicar esse fato. Só podemos aceitá-lo. É que ele nos conduz à profundidade. No sofrimento descobrimos o que é santo em nós, aquilo que não pode ser destruído pelo sofrimento. O sofrimento machuca. Mas ele é algo que só nós vimos e experimentamos. Ele nos distingue. É algo de precioso que carregamos conosco.

A santificação consiste sempre em tornar santo e completo. As lágrimas recompõem outra vez o que se estilhaçou em mim. E santificar significa separar, destacar do mundo. Quando santifico minhas lágrimas, percebo que me destaco do mundo superficial da tagarelice. Sou admitido no mundo genuíno, no mundo de Deus, no mundo que está cheio de mistérios insuperáveis.

RESPONSABILIDADE

O mistério de nossa cultura

"Cada um é responsável por todos. Cada um é responsável sozinho. Cada um, sozinho, é responsável por todos. Pela primeira vez, compreendo um dos mistérios da religião da qual derivou a nossa cultura e que digo ser a minha: carregar os pecados dos homens..." Estas palavras de Antoine de Saint-Exupéry tocaram-me muito quando as li pela primeira vez. Não vivo sozinho. Não sou digno de minha existência quando vivo apenas para mim, sem preocupar-me com os outros. Em todas as minhas decisões, no meu pensamento e na minha ação, sou responsável pelas pessoas à minha volta; sou responsável, em última instância, por todos os homens. Todos nós estamos ligados. Nossos pensamentos têm efeitos sobre os outros. O que fazemos muda as condições das pessoas em torno de nós. Esta experiência nos permite compreender melhor a frase bíblica segundo a qual Cristo carregou os pecados dos homens. Em sua ação Ele assumiu a responsabilidade pelas pessoas ao seu redor. Não se recolheu, simplesmente, em si mesmo. Porque Ele manteve esse amor até a sua violenta morte, mudou radicalmente o coração dos homens. Modificou todos os homens. Mudou radicalmente as condições de nosso comportamento. Não podemos mais nos comportar diante dos inimigos como se Jesus nunca tivesse existido. O ódio não pode mais ser revidado com ódio. Ele abriu uma brecha no comportamento comum, que responde o ódio com ódio. A sua responsabilidade mudou radicalmente a nossa vida e suprimiu o automatismo de nossas reações. Eis o mistério da redenção.

Memória e orgulho

Nem sempre é fácil assumir responsabilidade por tudo o que se faz: "'Foi isso que eu fiz', diz a minha memória. 'Não posso ter feito isso', diz o meu orgulho, e permanece inabalável. No final, a memória acaba cedendo". Friedrich Nietzsche, que escreveu esta frase, sabia como é difícil para nós assumir responsabilidade por nós e por nosso comportamento. O orgulho nos impede de assumir responsabilidade pelas ações que foram desagradáveis para nós. Manter a nossa imagem diante de nós e diante dos outros é mais importante para nós. Mas não podemos deixar de lado a nossa responsabilidade. Se fizermos isso, agiremos de modo cada vez mais irresponsável. Mas a vida só pode ser harmoniosa e boa quando nos comprometemos com o seguinte: "O homem faz coisas irresponsáveis. Mas, no fim, ele deve assumir responsabilidade por isso também" (Ferdinand Ebner).

PERDÃO

Ferida profunda

Em conversa, muitas pessoas me dizem que não podem perdoar. A ferida é profunda demais. Entendo bem que uma mera exortação não é suficiente para tornar-me capaz de perdoar. O que torna possível o perdão? Em primeiro lugar, é importante que eu deixe para trás a dor e a raiva e não vá rápido demais. Mas não posso parar nisso. Caso contrário, continuo a fortalecer aquele que me feriu. O perdão é um ato de libertação. Separo-me da ligação com o outro. Os psicólogos constataram que algumas pessoas não recuperam a saúde porque não podem perdoar. Elas continuam ligadas àquele que as fez adoecer. Permitem que o seu estado de espírito seja determinado por essa pessoa. O perdão é acima de tudo algo que me faz bem. Liberto-me da influência do outro. O mal que me fez fica todo para ele. Perdoar significa desfazer-se da ferida que nos foi causada; significa não importar-se mais com ela.

O perdão liberta

Em seu livro sobre a oração, Evagrius Ponticus, o mais importante escritor entre os primeiros monges († 399), evita qualquer forma de moralização. Ele trata do tema do perdão relacionando-o à oração e citando, no começo, as palavras de Jesus no Sermão da Montanha (Mt 5,34s.): "'Deixa a tua oferenda diante do altar; vá e se concilie com o teu irmão', é o que nos aconselha o nosso senhor. Depois de conciliar-se com o teu irmão, você poderá rezar sem ser perturbado. É que o rancor turva o espírito da pessoa que reza, e lança uma sombra sobre a sua oração" (Evagrius, Sobre a oração 21). Evagrius crê, portanto, que o perdão é vantajoso para quem perdoa. Quem perdoa livra-se do rancor. O perdão faz bem a quem perdoa. E o capacita a rezar verdadeiramente. Sem o perdão a oração não pode acontecer. É o que mostra Evagrius com as seguintes palavras: "A pessoa que não pode esquecer ofensas e desgostos e, apesar disso, tenta rezar, assemelha-se a uma pessoa que pega água numa fonte e a coloca em um vaso cheio de furos" (Evagrius, 22). Perdoar significa, portanto, esquecer ofensas e desgostos, libertar-se deles. Quem não pode perdoar segue em vão o seu caminho espiritual. Ele não poderá entrar realmente em contato com Deus. É que entre o seu espírito e Deus se colocará sempre uma ofensa que vai obscurecer seu olhar para Deus.

SINCERIDADE

Sem hipocrisia

"Alguns sabem pregar, mas agem mal; alguns agem bem, mas nunca pregam" (Talmude babilônico). É sempre perigoso, quando pronunciamos belos sermões, mas não concretizamos o que pregamos para os outros. O autor do Talmude babilônico toma partido por aqueles que agem bem e não falam nada sobre o que fizeram. Quem age da forma certa, sem gabar-se disso, é verdadeiramente sábio.

Age de acordo com a sua própria verdade. Não tem necessidade de embelezar ou destacar suas ações diante dos outros. Isso é bem diferente do método moderno de autopropaganda expresso no mote: "Faça o que é certo e fale que foi você quem fez". Uma outra sentença sábia muito atual formulada por esse sábio judeu é a seguinte: "Não se deve dizer uma coisa e ter outra no coração". É verdade que a gente não deve dizer tudo o que pensa. Mas a gente não deve dizer nada que não pense realmente. Pois, quando digo ao outro alguma coisa em que não acredito, não sou sincero. Tenho segundas intenções ao falar. Quando falo assim, ou bem eu quero conquistar o outro, ou bem eu sou covarde e não quero confrontá-lo com a verdade porque não quero ser sincero. Prefiro esconder-me e causar uma boa impressão para que ninguém possa duvidar de mim ou me atacar.

A hipocrisia é o oposto da sinceridade. Hannah Arendt disse certa vez: "O crime do hipócrita é que dá um testemunho falso contra ele mesmo". A expressão "ser hipócrita" tem a ver com "agachar-se, esconder-se, torcer-se". O hipócrita se esconde de si mesmo. Ele oculta sua própria verdade. Normalmente nós nos agachamos quando temos medo de um ataque. O hipócrita vive com um medo constante de que alguém descubra a sua verdade. Por isso, ele precisa esconder-se constantemente atrás de palavras de adulação, para que ninguém queira saber como ele é realmente ou duvidar dele.

La Rochefoucauld oferece outra explicação para a hipocrisia: "A hipocrisia é uma homenagem que o vício faz à virtude". Em sua opinião, a hipocrisia é, em última instância, um anseio pela virtude. Mas, uma vez que o vicioso, dominado por suas paixões, não pode alcançar a virtude, ele a homenageia ao iludir a si mesmo e aos outros. Ele apresenta uma imagem de si como se fosse virtuoso. Ou enche a boca para elogiar o outro. No final das contas, ele pinta com o seu elogio hipócrita uma imagem à qual ele mesmo gostaria de corresponder. A sua adulação tem, portanto, alguma relação com a minha verdade.

AÇÃO

Nossa vida determina o mundo

"Sou apenas uma pessoa; mas eu sou uma pessoa. Não posso fazer tudo; mas posso fazer alguma coisa. Não quero negar o que posso fazer." Helen Keller, cega de nascença, exprime com essas palavras sua máxima de vida. Sendo cega, ela não pôde fazer tudo o que ela gostaria de fazer. Suas ações eram muito limitadas, mas ela fez o que podia fazer. E ela conseguiu obter assim um resultado mais expressivo do que muitas pessoas que, em razão de sua boa saúde, teriam mais possibilidades. Não devemos nos comparar com os outros e achar que não podemos mudar nada neste mundo imenso. Quando fazemos o que está em nosso poder, o mundo em torno de nós torna-se um pouco mais claro e caloroso.

Madre Teresa também acreditava nisso. E essa ideia foi o motivo de suas ações que o mundo admira: "Notamos que tudo o que alcançamos é apenas uma gota no oceano. Mas, se essa gota não estivesse no oceano, ele sentiria falta dela". Muitas vezes temos a impressão de que não podemos contribuir muito para que o mundo se torne mais humano. Entretanto, quando fazemos o que sentimos no coração, imprimimos no mundo um sinal de vida que o torna mais humano e cheio de compaixão. Produzimos um resultado com o que pensamos e fazemos.

Albert Einstein disse: "Um pensamento que é expresso uma vez não pode mais ser contido". O que exprimimos através de nossa vida tem resultado. Não pode mais ser contido. Permanece para todo o sempre. E determina o mundo.

TEMPO

O bem mais precioso

A sabedoria judia é a que, entre todas, mais ocupou-se com o mistério do tempo. "Quem não dá atenção ao tempo caminha na escuridão", diz Mosche Ibn Esra. Para quem atravessa a vida sem dar atenção ao instante, tudo é obscuro, sem sentido. Vive sem consciência. É incapaz de entrever o mistério do tempo e não percebe o mistério da vida. O Rabino Jaakow Emden acha que o tempo é o bem mais precioso: "O tempo é o bem mais precioso. Não se pode comprá-lo com dinheiro". Quem compra alguma coisa quer possuí-la. Ninguém pode possuir o tempo. Ele nos é dado como um presente. E somente aquele que o percebe e vive com consciência experimenta-o como um presente. Para todas as outras pessoas o tempo é apenas algo que está passando: elas se queixam de que têm pouco tempo; não sabem para onde o tempo foi. "O tempo é o melhor e mais inteligente mestre" (Abraham Ibn Esra). Ele nos ensina que só vive verdadeiramente aquele que está consciente de si, aquele que vive totalmente no instante. E nos ensina também que só é sábio aquele que reconhece a limitação do tempo que lhe é dado. Não podemos descobrir o mistério do tempo sem pensar na morte, que é quando o nosso tempo de vida acaba para desembocar no tempo sem tempo, i. é, na eternidade.

A plenitude do tempo

Os filósofos e os sábios refletem há muito tempo sobre o mistério do tempo. Santo Agostinho disse certa vez que todos sabem o que é o tempo. Mas, tão logo refletimos com mais atenção sobre ele, não sabemos mais o que é. O tempo não pode ser segurado. Ele está sempre em fluxo. E se afasta de nós a cada instante: "Cada pequena parte do tempo que se vive é retirada do tempo total da vida, e, a cada dia, torna-se cada vez menor o que resta, de tal maneira que o tempo total de vida é uma corrida para a morte, na qual ninguém pode deter-se ou ir um pouco mais devagar". O tempo se afasta de nós. Ele só é palpável no instante, mas não podemos prendê-lo. É preciso ter a arte de estar totalmente no instante para aproximar-se do mistério do tempo.

No lugar onde estou totalmente presente, o tempo e a eternidade coincidem. Nesse lugar supero o tempo e participo no mistério da eternidade. No entanto, a eternidade não significa uma duração longa, mas, de acordo com a famosa definição do filósofo romano Boécio, "a posse perfeita, dada em um agora único e omniabrangente, da vida ilimitada". Quem é capaz de estar totalmente presente sai por um momento do âmbito do tempo e toca o tempo imóvel, a eternidade. O poeta persa Rumi disse que apenas aquele que é capaz de sair do âmbito do tempo pode entrar no âmbito do amor: "Saia do âmbito do tempo e entre no âmbito do amor". No amor, eu toco algo que dura. O filósofo francês Gabriel Marcel expressou isso nas palavras: "Amar significa dizer para o outro: 'Você não vai morrer'". O amor dura mais do que o tempo. Ele faz com que o tempo pare. Ele é a plenitude do tempo.

O que realmente conta

"As horas que contam são as horas que não são contadas", diz o ambíguo filósofo do tempo Karlheinz A. Geissler. O que realmente conta não pode ser quantificado, contado, medido. A felicidade é sempre atemporal. Uma experiência profunda supera o tempo mensurável. Quem conta as suas horas não vive no presente. Conta-as para matar tempo, porque o tempo é tedioso. Ou espera por um acontecimento importante. Na infância contamos os dias até o Natal. Isso deu ao Advento uma qualidade totalmente diferente. Não é a essa contagem que se refere Karlheinz A. Geissler. É que justamente essa espera chama a atenção para o mistério do tempo. O tempo tem algo a oferecer. Ele guarda em si algo que nos torna felizes.

O trabalhador conta as suas horas de trabalho para receber um salário justo. Na maioria das vezes, não são as horas que ocupamos as horas que contamos. Essas são as horas que são pagas. As horas que não contamos não têm preço. São instantes preciosos. São as horas que não passam, que não se pode medir. O tempo para. E tais instantes realmente contam.

CORAGEM CIVIL

A coragem que nenhum animal tem

A coragem civil é a coragem que o cidadão tem de defender sua opinião, de dizer e fazer o que ele considera adequado. Quem age de acordo com a coragem civil tem a coragem de confrontar. Vê o que é necessário, o que é correto neste momento para esta ou para aquela pessoa, e age de acordo com o que vê. "Faça o que é certo e não atrapalhe ninguém", como diz o ditado. Devo fazer o que é certo; não devo perguntar constantemente aos outros se o que faço é certo ou se eles acham que o é. Quando faço o que é certo, não preciso dar atenção à aprovação dos outros. O cientista político Iring Fetscher disse: "É possível que quem tem coragem civil nem sempre esteja certo. Mas, sem pessoas capazes de coragem civil, a liberdade vai por água abaixo". Quem faz o que reconheceu ser correto nem sempre está certo, mas quem age somente de acordo com as opiniões dos outros dificilmente encontra o que é certo. Precisa de coragem para alcançar por si mesmo o conhecimento e precisa da coragem para colocar na prática esse conhecimento. Segundo Iring Fetscher, a liberdade em nosso mundo iria por água abaixo sem essa coragem.

Hilde Domin descreveu a coragem civil sob outro aspecto:

> A coragem civil, por exemplo,
>
> essa coragem que nenhum animal tem
>
> Dor compartilhada, por exemplo,
>
> Solidariedade em vez de rebanho

> Tornar familiares pela ação
> palavras estranhas.

Para essa poetisa, a coragem civil é uma característica que distingue o homem, algo que somente ele pode ter e que qualifica a nossa natureza de modo totalmente especial. Em sua opinião, essa coragem civil tem três características. A primeira é a "dor compartilhada": sentir compaixão, piedade, por outras pessoas. A compaixão requer que lutemos a favor dos outros. Hoje, quando as pessoas são ofendidas no metrô, é raro que alguém as defenda. Faltam as duas coisas: a compaixão, i. é, a percepção do que se passa com o outro que é ridicularizado ou humilhado publicamente; e a coragem de arrumar briga com o zé-povinho. Agindo assim exponho-me até ao perigo de ser atacado ou prejudicado. No entanto, quando não há essa coragem, as pessoas que não agem de acordo com os valores ganham cada vez mais a chance de agir. Sem coragem civil nossa sociedade perde o seu caráter humano.

A "dor compartilhada" requer solidariedade. Visto que sei que estou ligado aos outros, luto a favor deles. O que acontece a eles acontece a mim também. "Solidário" significa: "compartilhado, a favor do outro, ligado estreitamente". Quem é solidário sente-se ligado às pessoas em torno de si. Sabe que todos nós temos uma raiz comum, uma dignidade compartilhada, e que nós somos dependentes uns dos outros. O rebanho caminha nessa direção, mas a solidariedade exige que eu saiba que estou ligado ao outro e estou do seu lado quando ele precisa de minha ajuda. Sem solidariedade uma convivência humanitária não é possível.

A terceira característica da coragem civil mencionada por Hilde Domin é "tornar familiares pela ação palavras estranhas". À primeira vista, uma descrição curiosa dessa virtude. Por que é que eu devo tornar "palavras estranhas", i. é, palavras que não compreendo assim que as ouço, em palavras familiares através da ação? Ao agir devo responder às palavras que ouvi de um desconhecido, i. é, àquilo que me desafia e abala a minha segurança. Quando ajo deve ficar evidente que procuro conciliação, e não tensão; que procuro união, e não separação (a divisão entre o que é familiar e o que é estranho). Quando o meu agir é animado pelas "palavras estranhas", ele não se reduz ao eterno "isso nós já fazemos sempre". Novas ações serão sempre geradas, ações que ligam o que é familiar e o que é estranho, superando preconceitos e fazendo surgir uma comunidade onde até então culturas, línguas e homens eram estranhos e incompreensíveis uns para os outros.

CONTENTAMENTO

Vaidade

Vaidade não é o mesmo que contentamento. O místico islâmico Ibn Ata Allah vê nela a causa de todo o mal: "A raiz da desobediência, da desatenção, da luxúria é a vaidade. A causa da obediência, da lucidez, da castidade é não ser vaidoso. É melhor para você ter, como amigo, um tolo que não seja vaidoso a um sábio que o seja". O contentamento tem a ver com a paz consigo mesmo e com tudo o que existe. Ela é também uma fonte de paz para o que está em torno de mim. A vaidade, por outro lado, é o contentamento consigo mesmo que não procura mais a mudança e o movimento: estou satisfeito. Desisti de entregar-me ao caminho da mudança. Fico parado. O vaidoso não aceita mais críticas. Não se deixa desafiar por novos pensamentos e comportamentos. O vaidoso fica parado e impede todo movimento e toda transformação. Pessoas vaidosas desse jeito são desagradáveis. Quando estamos perto delas corremos o risco de ficarmos parados e paralisados.

Uma bênção para os outros

Há um contentamento com a própria vida e com aquilo que faço que torna-se uma bênção para os outros. A respeito desse contentamento, diz Madre Teresa: "Milagres não acontecem quando fazemos alguma coisa determinada, mas sim quando estamos felizes e contentes de fazê-la". Quem faz com paz interior o que faz, difundirá uma bênção. A ajuda de quem não está em paz consigo não é bem recebida pelo outro: este perceberá e se protegerá contra a sua tensão interior. Enquanto para Madre Teresa o contentamento é uma condição da verdadeira ajuda, Gretta Brooker Palmer a considera uma consequência da ajuda: "O contentamento é um efeito secundário do esforço de fazer alguém feliz". Quem goza dessa liberdade em relação a si mesmo, a ponto de querer fazer o outro feliz, está em paz consigo. Alegra-se com a felicidade do outro. Isso o torna contente.

O verdadeiro contentamento

A propriedade não é apenas uma questão relacionada à liberdade e à satisfação, mas também uma questão política. A paz mundial dependerá no futuro sobretudo do sucesso de uma divisão justa dos bens. Somente quando estivermos dispostos a repartir os bens uns com os outros será possível a paz em nosso país e em todo o mundo. Abramos os olhos e tentemos descobrir hoje os caminhos para lidarmos com os bens deste mundo sem cairmos nas fantasias românticas, nas utopias alienadas ou na conversa fiada dos sabichões. Somente quem é rico diante de Deus dividirá a sua riqueza exterior com os outros. Quem se define a partir do que possui ficará preso em si mesmo. Precisamos da liberdade interior para que sirvamos aos homens e, em última instância, à paz, com tudo aquilo que ganhamos, de tal maneira que coloquemos o nosso ganho a serviço da vida. Apenas assim o verdadeiro contentamento será possível. O grande sábio chinês Confúcio vê as coisas de modo semelhante: "Quem cuidou do bem do outro cuidou também do seu próprio bem". Estamos ligados às outras pessoas tão profundamente que as coisas boas que lhes fazemos acabam sendo boas para nós também. Quando temos o bem do outro em vista, ele também nos faz bem. Quando a nossa vontade de ajudar origina-se de uma má consciência, essa vontade não se transforma em uma bênção. É que não queremos o bem do outro, mas sim acalmar a nossa má consciência. Mas a paz que está em mim é transmitida para o outro. É contente aquele cujo coração está aberto para a paz. A paz pode originar-se em nós, quando dizemos sim a nós mesmos. Mas, muitas vezes, ela é causada em nós pelos outros quando estamos preocupados com o seu bem e sabemos que eles encontraram a sua paz.

Dê um livro de presente!

EDITORA VOZES

www.vozes.com.br
vendas@vozes.com.br

CULTURAL

Administração – Antropologia – Biografias
Comunicação – Dinâmicas e Jogos
Ecologia e Meio Ambiente – Educação e Pedagogia
Filosofia – História – Letras e Literatura
Obras de referência – Política – Psicologia
Saúde e Nutrição – Serviço Social e Trabalho
Sociologia

CATEQUÉTICO PASTORAL

Catequese – Pastoral
Ensino religioso

REVISTAS

Concilium – Estudos Bíblicos
Grande Sinal
REB – SEDOC

TEOLÓGICO ESPIRITUAL

Biografias – Devocionários – Espiritualidade e Mística
Espiritualidade Mariana – Franciscanismo
Autoconhecimento – Liturgia – Obras de referência
Sagrada Escritura e Livros Apócrifos – Teologia

PRODUTOS SAZONAIS

Folhinha do Sagrado Coração de Jesus
Calendário de Mesa do Sagrado Coração de Jesus
Agenda do Sagrado Coração de Jesus
Almanaque Santo Antônio – Agendinha
Diário Vozes – Meditações para o dia a dia
Guia Litúrgico

VOZES NOBILIS

Uma linha editorial especial, com importantes autores, alto valor agregado e qualidade superior.

VOZES DE BOLSO

Obras clássicas de Ciências Humanas em formato de bolso.

CADASTRE-SE
www.vozes.com.br

EDITORA VOZES LTDA.
Rua Frei Luís, 100 – Centro – Cep 25689-900 – Petrópolis, RJ
Tel.: (24) 2233-9000 – Fax: (24) 2231-4676 – E-mail: vendas@vozes.com.br

UNIDADES NO BRASIL: Belo Horizonte, MG – Brasília, DF – Campinas, SP – Cuiabá, MT
Curitiba, PR – Florianópolis, SC – Fortaleza, CE – Goiânia, GO – Juiz de Fora, MG
Manaus, AM – Petrópolis, RJ – Porto Alegre, RS – Recife, PE – Rio de Janeiro, RJ
Salvador, BA – São Paulo, SP